GUERRE
aux
JUIFS

Adolf Hitler, Alfred Rosenberg,
Joseph Gœbbels, Julius Streicher

GUERRE
aux
JUIFS

2020

PREMIÈRE ÉDITION

CENTRE DE DOCUMENTATION ET DE PROPAGANDE
10, RUE D'ARGENTEUIL, 10
PARIS (Ier)

IMPRIMERIE SPÉCIALE
DU CENTRE DE DOCUMENTATION

1938

Copyright by S&B 2020

═══════════════════
ÉDITION ORIGINALE NON CENSURÉE
═══════════════════

Exegi monumentum ære perennius

Un Serviteur Inutile, parmi les autres

Scan, ORC, mise en page, illustrations
26 Octobre 2020
BAGLIS

Pour la **L**ibrairie **Ex**communiée **N**umérique des **CU**rieux de **L**ire les **US**uels

TABLE DES MATIÈRES

Avant-propos 8

I
La main mise du juif sur l'Allemagne 13

II
Les conséquences de l'envahissement juif
la défaite de 1918 27

III
Le marxisme, triomphe du juif 35

IV
La juiverie étrangère contre l'Allemagne 57

V
Le racisme conséquence des abus juifs 91

AVANT-PROPOS

« Ce qui me donna le plus à réfléchir, ce fut le genre d'activité des Juifs dans certains domaines dont j'arrivai peu à peu à percer le mystère.

« Car, était-il une saleté quelconque, une infamie sous quelque forme que ce fût, surtout dans la vie sociale, à laquelle un Juif au moins n'avait pas participé ?

« Sitôt qu'on portait le scalpel dans un abcès de cette sorte, on découvrait comme un ver dans un corps en putréfaction un petit youtre tout ébloui par cette lumière subite. »

C'est en ces termes qui ne laissent place à aucune ambiguïté qu'Adolf Hitler, au début de Mein Kampf, *parle de ses premiers contacts avec les Israélites.*

Et Alfred Rosenberg, le grand théoricien du IIIe Reich, résume à son tour le Judaïsme en ces quelques lignes :

« En étudiant l'histoire et la littérature des Juifs, on y trouve presque uniquement une activité acharnée, sans bornes, un rassemblement tout à fait unilatéral de toutes leurs forces en vue de la propriété matérielle. De cette tournure d'esprit — presque amorale, peut-on dire — résulte aussi un code de morale qui ne connaît qu'un article : l'avantage du Juif. Ainsi admet-on, approuve-t-on même la fourberie, le vol, le meurtre. De là découle l'autorisation religieuse et morale du parjure, la religion talmudique du « Mensonge légal. » Tous les penchants naturellement égoïstes sont renforcés par cette « moralité »

tolérante. Alors que, chez presque tous les peuples du monde, les idées morales et religieuses barrent la route à l'arbitraire purement instinctif et à la licence effrénée, chez les Juifs c'est l'inverse !

« Aussi depuis 2500 ans nous assistons éternellement à la même histoire : avide des biens de ce monde, le Juif s'en va de ville en ville, de pays en pays, et séjourne là où il trouve le moins de résistance à son activité de parasite des « Affaires. » On le chasse, il revient ; on en massacre une génération, la suivante recommence imperturbablement le même jeu. Moitié fourbe et moitié démon, à la fois ridicule et tragique, méprisé de tout ce qui est noble — et s'estimant néanmoins ; innocent, parce qu'incapable de comprendre autre chose que soi-même — le Juif-Errant fils du principe du Mal traverse l'histoire du monde. Changeant sans cesse de nom et cependant toujours identique, protestant toujours de sa sincérité et mentant sans cesse croyant toujours à sa « mission » et pourtant condamné par son absolue stérilité au métier de parasite, tel est le Juif éternel. »

Voici, n'est-ce pas, une position nette et des gens proprement accommodés ; et ce n'est pas sans une certaine surprise et une indéniable incompréhension que tous les peuples du monde ont accueilli ces déclarations qui ne laissent point place à la moindre équivoque.

« Guerre aux Juifs et Persécution religieuse — Vague d'antisémitisme en Allemagne. »

C'est ainsi que l'Europe et l'Amérique ont jugé l'action du Führer et de ses collaborateurs, cherchant vainement une explication à cette offensive de grand style contre les Israélites. Les causes de cette action sont cependant de la plus extrême simplicité, et les dirigeants du IIIe Reich n'ont jamais caché les raisons et les mobiles de leurs actes.

La « Guerre aux Juifs » *en Allemagne est tout au contraire une guerre purement défensive, un acte d'autodéfense contre l'emprise morale et matérielle du judaïsme dont l'Allemagne a manqué mourir.*

Autodéfense à l'intérieur, où l'infiltration juive avait abouti à une main-mise totale sur les moyens d'expression de la pensée — livre, journal, théâtre, cinéma — où le Juif, maître tout puissant de la Bourse et de la grosse industrie, était devenu ipso-facto *le maître du travailleur allemand, du pain allemand, de la volonté productrice allemande, le tyran brutal de l'esprit et du corps allemand.*

Autodéfense à l'extérieur, où le Juif seul soulève contre l'Allemagne les « Démocraties » qui se mordront un jour les doigts de l'avoir accueilli. Sans le Juif, le péril Russe ne menacerait pas jour et nuit l'Allemagne de son rougeoiement de sang ; sans le Juif, la France n'eût jamais connu la honte et la folie du pacte soviétique ; sans le Juif l'Angleterre et la France auraient depuis longtemps renoué avec l'Allemagne les relations qui doivent automatiquement exister entre ces trois grands peuples.

Contre le Juif du dehors comme du dedans, l'Allemagne, État souverain, prend telles mesures qu'il lui plaît et n'a à en rendre compte à personne. Libre aux sentimentaux de la Société des Nations — ce Conservatoire de l'Idéal Judéo-Maçonnique, — de s'indigner vertueusement en toute hypocrisie. Les chefs de l'Allemagne, après avoir extirpé le Juif de leur sol, s'accouderont eux aussi à leurs fenêtres pour voir un peu ce qui se passe au dehors, et le spectacle sera réjouissant... et peut-être avant peu. Déjà la France sent qu'elle a des poux, et cette nation étourdie étouffe mal, sous une indignation de commande — plus gouvernementale que populaire — contre la « croisade hitlérienne anti-juive », sa démangeaison chaque jour grandissante et sa croissante envie de se gratter...

Aujourd'hui, nous ne saurions mieux faire que de passer la plume aux Chefs Allemands, qui vont nous expliquer comment et pourquoi ils ont été amenés à faire campagne contre l'envahissement et l'encerclement Judaïques.

I

LA MAINMISE DU JUIF SUR L'ALLEMAGNE

Au dernier recensement de 1933, les Juifs d'Allemagne étaient au nombre de 499.000 dont 160.500 concentrés à Berlin. Cela constitue 0,77 de la population totale.

Il semble étrange qu'un si petit groupe ethnique, une si infime minorité aient pu inquiéter un puissant État au point de l'amener à prendre les mesures draconiennes récemment adoptées en Allemagne. À cela Hitler nous répond que, tout justement, c'est le paradoxal écart entre le petit nombre des Juifs et la place démesurée qu'ils ont voulu tenir dans la nation qui est à la base de la réaction allemande. Une infiltration sourde, une progression rampante ont amené ces quelques milliers de Juifs, au lendemain de la guerre de 1914, à commander en maîtres d'un bout à l'autre du territoire allemand.

Par eux, et par eux seuls fut accomplie la ruine morale et matérielle de l'Allemagne, et c'est à eux seuls qu'ils doivent s'en prendre si l'Allemagne nouvelle, consciente du péril passé et soucieuse de son avenir, s'efforce de les éliminer.

« Les Juifs, dit en résumé Hitler dans *Mein Kampf*, sont arrivés en Germanie à la suite des Romains et, comme toujours, à titre de marchands. Sitôt que naissent les premières agglomérations fixes, il est là, non point comme producteur, mais comme intermédiaire.

« Toutefois, dans la cité antique, le Juif garde sa position de commerçant étranger et ne cherche pas à se fondre parmi la masse germanique. Les trafiquants juifs vivent et se marient entre Juifs, ils constituent un groupe distinct exotique, un peu comme ces modernes marchands majorquins de bananes, d'oranges et de primeurs que l'on rencontre un peu partout en France et que le langage populaire groupe sous le nom d'« Espagnols. »

Cependant cet état ne se prolonge pas. Le Juif commence à prêter de l'argent, et naturellement à des taux usuraires. C'est en fait lui qui a introduit en Allemagne le prêt à intérêts. Il considère le commerce et les affaires d'argent comme lui appartenant en propre, et c'est une chasse réservée qu'il exploite sans pitié.

« Comme il ne cultive jamais le sol lui-même, mais ne le considère que comme un objet de rapport sur lequel le paysan peut être toléré, mais à condition de subir les exactions les plus éhontées de la part de son nouveau maître, l'antipathie qu'il excite augmente jusqu'à devenir une haine ouverte. Aux époques de grande misère, la fureur des exploités finit par éclater contre lui, les masses pillées et ruinées se font justice elles-mêmes pour se défendre contre ce fléau de Dieu ; elles ont appris au cours des siècles à le connaître, et considèrent sa simple existence comme un danger aussi redoutable que la peste. »

Pour se mettre à l'abri de la fureur populaire, le Juif n'a qu'une ressource : se rendre utile, puis indispensable aux chefs féodaux, aux « gouvernants » d'alors qui le protégeront contre la foule. Bientôt chaque seigneur ; chaque château a son juif, prêteur commode auquel il est tout simple d'avoir recours pour bâtir, doter ses enfants ou faire les guerres. En retour, le Juif mendie privilèges, lettres de franchise ou ferme des impôts que les seigneurs toujours gênés dans leurs finances lui accordent d'autant plus volontiers qu'il offre immédiatement de l'argent comptant.

Lorsque la féodalité fait place en Allemagne aux multiples principautés de la Confédération Germanique, le « Juif du château » devient le « Juif de la Cour. » Les princes allemands se sont pris dans le filet juif :

> « C'est lui-même qui les plonge dans leurs éternels besoins d'argent, en les détournant de leur vraie tâche, en les étourdissant par les plus basses et les pires flatteries, en les poussant à la débauche et en devenant par là de plus en plus indispensable. Son habileté ou pour mieux dire son absence de scrupule dans les affaires d'argent sait toujours trouver de nouvelles ressources en pressurant les sujets, et même en les écorchant. »

Endetté à fond vis-à-vis de son Juif, le petit Prince est trop heureux de voir de temps en temps passer l'éponge sur son passif en échange d'un titre de comte ou de baron, sans s'apercevoir qu'il dégrade, ridiculise et contamine la vieille noblesse d'épée.

> « Le Juif n'a plus alors qu'à se faire baptiser pour entrer lui-même en possession de tous les avantages dont jouissent les enfants du pays, et très souvent il conclut l'affaire, à la plus grande joie de l'Église fière d'avoir gagné un nouveau fils, à la plus grande joie d'Israël heureux de voir une filouterie aussi réussie. »

Mais, baptisé ou non, le Juif va au XIXe siècle mener la lutte pour être reconnu Allemand, avec tous les droits et capacités que comporte ce titre.

> « Alors prend naissance une des plus infâmes tromperies qui se puisse imaginer. Comme il ne possède de ce qui fait l'Allemand que l'art d'écorcher sa langue — et d'une

épouvantable façon —mais que pour le reste il ne s'est jamais fondu dans la population allemande, tout ce qu'il a d'allemand est la langue qu'il parle. Or ce qui fait la race, ce n'est pas la langue, c'est le sang et le Juif le sait mieux que personne, puisqu'il attache peu d'importance à la conservation de sa langue et par contre en attache une très grande à ce que son sang juif reste pur.

« Son caractère ethnique restera toujours le même, qu'il ait, il y a deux mille ans, parlé latin à Ostie en faisant le commerce des grains ou que de nos jours, spéculant sur les farines, il parle l'Allemand des youpins : c'est toujours le même Juif. »

Sentant faiblir la puissance des petits États allemands et assistant à l'éclosion des idées libérales, le Juif n'est pas long à comprendre que c'est dorénavant de ce côté-là qu'il y aura à glaner, et par une nouvelle métamorphose le voici l'ami du peuple !

« Bien entendu, constate Hitler, il se tient comme par le passé dans l'entourage des puissants de ce monde, il cherche même avec encore plus d'ardeur à se glisser dans leur société ; mais en même temps d'autres représentants de sa race font les bons apôtres auprès du bon peuple. Si l'on se rappelle de combien de péchés le Juif s'est, au cours des siècles, rendu coupable à l'égard de la masse, comment il a toujours impitoyablement exploité et pressuré le peuple, on comprendra combien ce fut un pénible travail que de se présenter comme « amis des hommes » aux victimes qu'ils avaient écorchées.

« Pour y réussir, le Juif se transforme en « *Bienfaiteur de l'Humanité.* » Avec la modestie qui lui est innée, il trompette ses mérites dans le monde entier avec tant de persévérance que celui-ci commence vraiment à y croire. Qui reste incrédule passe pour très injuste à son égard. Bientôt il donne aux choses une tournure telle qu'il semble que ce soit à lui qu'on ait fait toujours tort, quand c'est le contraire qui est la vérité, et les gens particulièrement sots lui font confiance et ne peuvent s'empêcher de plaindre le « pauvre malheureux » !

D'ailleurs, il faut noter que, bien que se sacrifiant avec joie, le Juif n'en devient pas plus pauvre pour ça. Il s'entend à faire les parts, ses bienfaits sont même parfois comme un fumier qu'on répand sur un champ non par amour pour celui-ci, mais en se proposant d'en tirer un profit personnel. Mais en tout cas, le Monde sait en un temps relativement court que le Juif est un « *Bienfaiteur de l'Humanité.* » Quelle étrange transformation ! »

Et pour finir de s'implanter dans la Société allemande, le Juif va enfin pouvoir revendiquer la première place dans toutes les formes de l'activité nationale.

> « Le Juif devient tout d'un coup libéral, et commence à manifester son enthousiasme pour les progrès que doit faire le genre humain. Peu à peu il devient — en paroles — le champion des temps nouveaux.
>
> « Par le détour des sociétés par actions, il s'introduit dans le circuit de la production nationale, il en fait l'objet d'un commerce de brocanteur pour lequel tout est vénal ou, pour mieux dire, « négociable. » Il dépouille ainsi les industries des bases sur lesquelles pourraient s'édifier une propriété personnelle. C'est alors que naît entre employeurs et employés cet état d'esprit qui les rend étrangers les uns aux autres, et qui conduit plus tard à la division de la Société en « classes. » Enfin l'influence que le Juif exerce sur la Bourse grandit de façon effrayante, et il possède ou du moins contrôle toutes les forces de travail de la nation. »

À cette façon de « diriger » l'épargne, la bourgeoisie et le commerce petit et grand, le Juif en joint vite une autre : la franc-maçonnerie.

> « Le Juif combat avec toute la ténacité qui lui est propre en faveur de la tolérance religieuse, et il a dans la franc-maçonncrie qui est complètement tombée entre

ses mains un excellent instrument pour mener une lutte qui lui permette de parvenir astucieusement à ses fins. Les classes dirigeantes et les hautes sphères politiques et économiques de la bourgeoisie, prises dans le réseau maçonnique, deviennent sa proie sans qu'elles puissent s'en douter. »

Mais tout cela touche peu la foule, le paysan, l'ouvrier d'usine, et c'est par le journal que le Juif agira d'un bout à l'autre du monde allemand.

« A la Franc-Maçonnerie s'ajoute la Presse, comme seconde arme au service de la Juiverie. Le Juif met toute sa ténacité et toute son habileté à s'emparer d'elle, par son intermédiaire il prend dans ses serres et ses filets toute la vie publique, il la dirige, la pousse devant lui car il se trouve maintenant à même de créer et de conduire cette force que, sous le nom d'« Opinion publique » on connaît mieux aujourd'hui qu'on ne le faisait il y a quelques dizaines d'années.

« En même temps, il se donne l'air d'être personnellement altéré de savoir, fait l'éloge de tous les progrès et particulièrement de ceux qui causent la ruine des autres, car il ne juge un progrès et une évolution que du point de vue des avantages qu'ils peuvent apporter de son peuple. Sinon, il est l'ennemi acharné de toute lumière, il hait toute vraie civilisation : toute la science qu'il acquiert à l'école des autres doit servir au profit de sa race. Tout en paraissant déborder de « lumière », de « progrès », de « liberté », d'« humanité », il a soin de maintenir l'étroit particularisme de sa race.

« Il lui arrive bien d'accrocher ses femmes à des chrétiens influents, mais il a pour principe de maintenir toujours pure sa descendance mâle. Il empoisonne le sang des autres, mais préserve le sien de toute altération. Le Juif n'épouse presque jamais une chrétienne, tandis que le chrétien épouse une juive, mais chez les produits de ce métissage, c'est l'élément juif qui l'emporte. Particulièrement, une partie de la haute noblesse est complètement dégénérée, le Juif le sait fort bien et pratique systématiquement ce « désarmement » de la classe des guides spirituels ennemis de sa race.

« Pour dissimuler ses menées et endormir ses victimes, il ne cesse de parler de l'égalité de tous les hommes sans considération de race ou de couleur, et les imbéciles commencent à se laisser persuader par lui. Son but dernier, dans ce stade de son évolution, est la victoire de la « Démocratie » ou plutôt ce qu'il entend par là, savoir : l'hégémonie du parlementarisme. C'est elle qui répond le mieux à ses besoins, car elle supprime les personnalités pour mettre à leur place la majorité des imbéciles, des incapables et surtout des lâches. »

Voilà selon Hitler, la façon dont le Juif a réussi au cours de l'Histoire à s'implanter en Allemagne, et une simple réflexion nous vient : c'est qu'une infinité de Français, même parmi ceux qui n'ont aucune admiration pour le national-socialisme et ses doctrines, seront bien obligés de constater que ce tableau de l'infiltration juive peut se transposer à leur pays sans y changer un mot.

Voici le Juif installé de plein pied dans la vie allemande. Que va-t-il y faire, et quelle sera l'influence de cet élément mal germanisé, de ce 0,77 % qui s'est poussé peu à peu au premier plan ? Les chefs de l'Allemagne moderne, les maîtres du IIIe Reich vont nous le dire.

Ce que sont devenus entre les mains des Juifs l'Art Allemand, la Pensée Allemande, les valeurs morales et la dignité du pays, il est facile de le constater.

« La propreté, morale ou autre, de ce peuple, dit *Mein Kampf*, était quelque chose de bien particulier. Qu'ils n'eussent pour l'eau que très peu de goût, c'est ce dont on pouvait se rendre compte en les regardant, et même malheureusement très souvent en fermant les yeux. Il m'arriva plus d'un fois d'avoir des haut-le-cœur en sentant l'odeur de ces porteurs de caftans. »

Et cette première répulsion instinctive s'aggrave encore lorsqu'au lieu de se contenter de contempler le Juif « au repos », Hitler le vit « en action. »

« Il est et demeure le parasite-type, l'écornifleur qui, tel un bacille nuisible, s'étend toujours plus loin dès qu'un sol favorable l'y invite. Là où il se fixe, le peuple qui l'accueille s'éteint au bout de plus ou moins longtemps.

« Les faits à la charge de la Juiverie s'accumulèrent à mes yeux quand j'observai son activité dans la Presse, en art, en littérature, au théâtre. Les propos pleins d'onction et les paroles solennelles ne servirent plus alors à grand'chose, ils n'eurent plus même aucun effet. Il suffisait de regarder une colonne de spectacles, d'étudier les noms des auteurs de ces épouvantables fabrications du cinéma et du théâtre, en faveur desquelles les affiches faisaient de la réclame, et l'on se sentait devenir pour longtemps l'adversaire impitoyable des Juifs. Naturellement, plus le niveau moral et intellectuel des fabricants de ces œuvres artistiques est bas, plus inépuisable est leur fécondité, jusqu'à ce qu'un de ces gaillards arrive à lancer, comme le ferait une seringue, ses ordures à la face de l'humanité.

« J'entrepris alors d'examiner soigneusement les noms de tous les fabricants de productions malpropres que révélait la vie artistique. Le fait est que les neuf dixièmes de toutes les ordures littéraires, du « chiqué » dans les arts, des stupidités théâtrales devaient être portées au débit de ce peuple qui ne représentait pas le centième de la population du pays.

« À ce point de vue, la rue me donna des leçons de choses qui me furent souvent pénibles. Le rôle que jouent les Juifs dans la prostitution et surtout dans la traite des blanches pouvait être étudié à Vienne plus aisément que dans toute autre ville de l'Europe occidentale, à part peut-être les ports du Sud de la France. Quand on parcourait le soir les rues et les ruelles de la Léopoldstadt, on était à chaque pas, qu'on le voulût ou non, témoin de scènes qui restèrent ignorées de la majorité du peuple allemand jusqu'à ce que la guerre eût forcé les soldats combattant sur le front oriental à en voir de pareilles.

« La première fois que je constatai que c'était le Juif, impassible et sans vergogne, qui dirigeait de la sorte avec une expérience consommée cette exploitation du vice dans la lie de la grande ville, un léger frisson me courut dans le dos. Puis la fureur s'empara de moi. »

Ce dégoût que ressentait le jeune Hitler aux heures de l'avant-guerre, cette révélation d'une turpitude acceptée — pourvu que ça paie ! — où se complaît le Juif qui prétend régénérer le monde, toute l'Allemagne allait les éprouver elle aussi en se heurtant au peuple que Schopenhauer a baptisé :

« Le Maître du Mensonge »

« Le mensonge, dit Alfred Rosenberg dans son immense étude : *« Le mythe du XXe siècle »*, le mensonge volontaire, organique, est la mort de l'homme nordique, mais il représente l'élément vital du Judaïsme. Sans paradoxe, le mensonge, continuel est la vérité organique de la race Juive. Le fait que la véritable substance du sentiment de l'honneur lui est inconnue entraîne la tromperie comme loi de sa religion ; elle est même souvent ordonnée, comme cela est exposé de façon vraiment monumentale dans le *Talmud* et dans *Schulchan-Aruch*. « Grands maîtres du Mensonge », tels les appelait Schopenhauer dans sa brutale passion de vérité. « Nation de trafiquants et de trompeurs » disait Kant.

« C'est parce qu'il est tel que le Juif ne peut arriver à dominer dans un pays qui est soutenu par un vif sentiment de l'honneur. »

L'Allemagne d'avant Hitler ignorait encore cette vérité, et le triomphe du Judaïsme y fut aussi total qu'il était possible de le rêver.

« Pour écraser, dit Rosenberg, ce qui osait encore lutter, les princes de la finance formèrent un cartel avec les directeurs de théâtres et les journalistes Juifs. Ceux-ci louaient chaudement tout ce qui était grossier, insolent, maniéré, impuissant, rabougri, mais combattaient encore plus sciemment et plus résolument toute véritable rénovation du monde. Ils le savaient : Le Grand écrase l'Infime, une valeur nouvelle, dès qu'elle paraît, casse les reins à ce qui est sans valeur. Nous sommes plus que jamais aujourd'hui engagés dans cette lutte capitale, nous ne pouvons plus comme Raabe ou Keller nous isoler, oubliés du monde, loin de la vie en marche, et nous ne le voulons plus.

« Nous savons pourtant fort bien que toute internationale, à la tête d'une armée d'intellectuels juifs ou croisés de juifs, sera hostile jusqu'à la mort à la révélation de l'âme de notre race qui s'éveille. Les Barbusse, Sinclair, Unamuno, Ibanez, Maurois, Shaw et leurs éditeurs collaborent étroitement avec les éditeurs de Mann, de Kaiser, de Fulda, et toute la clique de leurs journaux. Ils s'entraident pour les éloges, les traductions, les représentations, ils publient des interviews les uns des autres, toute la presse mondiale proclame trois mois d'avance cet événement considérable : Thomas Mann écrit un roman ! Chacun d'eux annonce par la bouche d'un compère au monde émerveillé ce qu'il daigne penser, comment il travaille, si c'est dans son cabinet ou dans son jardin, le matin ou le soir.

« Cette petite bourgeoisie écrivaillante d'aujourd'hui, en dépit de tous les valets de la réclame juive, se décompose sur pied. Elle fait encore entendre quelques bégaiements sur l'humanité, la paix entre les peuples, la justice, et n'a pourtant pas à donner une goutte de sang véritablement humain. Ces gens-là ont fait la paix avec les puissances qui avaient fait de la guerre mondiale leur affaire et ils écrivent dans les journaux qui raillent chaque jour le droit de l'Allemagne à exprimer son âme selon ses vues personnelles.

« Telle est l'essence de l'intellectualité d'aujourd'hui, tels sont le drame moderne, le livre moderne, la musique moderne. Une odeur de cadavre s'exhale de Paris, de Londres, de

New-York : le « *foetor Judaïcus* » se mêle au relent de tous les peuples. Les bâtards sont les héros du jour, les revues de filles publiques et de danseuses nues montées par des régisseurs nègres ont été, en Allemagne, la forme d'art de la démocratie de Novembre. Nous étions arrivés à l'apogée d'une lèpre spirituelle. »

Abaissement de toutes les aspirations nobles de la pensée allemande au niveau de son bas matérialisme, tel est également pour Hitler le but du Juif lorsqu'il met la main sur les moyens d'expression de la pensée.

« Le peuple Juif, ne possède pas, malgré toutes les facultés intellectuelles dont il est doué en apparence, une vraie civilisation, notamment une civilisation qui lui soit propre. Ce que le Juif possède aujourd'hui de civilisation apparente, n'est que le bien des autres peuples qui s'est en majeure partie gâté entre ses mains.

« Pour apprécier quelle est la position du peuple Juif à l'égard de la civilisation humaine, il ne faut pas perdre de vue un fait essentiel : il n'y a jamais eu d'art Juif, et par suite il n'y en a pas aujourd'hui. Les deux reines de l'Art, la musique et l'architecture, ne doivent rien d'original aux Juifs qui ne possède pas les facultés qui distinguent les races créatrices, races douées par suite du privilège de fonder des civilisations.

« Ce qui prouve à quel point le Juif ne s'assimile les civilisations étrangères que comme copiste, en déformant d'ailleurs ses modèles, c'est qu'il cultive surtout l'art qui exige le moins d'invention propre, c'est-à-dire l'art dramatique. Même là il n'est qu'un bateleur, ou mieux un « singe » imitateur, même là il lui manque l'élan qui porte vers la véritable grandeur, même là il n'est pas créateur de génie, mais imitateur superficiel, sans que les artifices ou les trucs qu'il emploie arrivent à dissimuler le néant de ses dons de créateur. La presse juive vient à son secours avec la plus grande complaisance, en entonnant les louanges du bousilleur le plus médiocre à condition qu'il soit juif, de sorte que le reste du monde finit par se croire en présence d'un artiste tandis qu'il ne s'agit en réalité que d'un misérable histrion.

« Non, le Juif ne possède pas la moindre capacité à créer une civilisation, puisque l'idéalisme sans lequel toute évolution élevant l'homme se révèle impossible lui est et lui fut toujours inconnu. Tout progrès de l'humanité s'accomplit non par lui, mais malgré lui. »

Cette notion du Juif attaché à la matière, et couvrant les buts commerciaux de sa race sous l'apparence d'une foi, d'une religiosité, d'une aspiration vers le bien qu'il ne possède pas en réalité est commune à Hitler et à Rosenberg.

« Le fond proprement religieux, dit ce dernier, manque jusqu'à la moindre parcelle à la race des Sémites et à leurs demi-frères bâtards les Juifs.

« Dans l'« *Ancien Testament* » nous ne trouvons pas la croyance à l'immortalité : la création d'un Paradis sur la terre, tel est le but des Juifs. À cet effet, comme il est dit dans les « *Livres Saints* » postérieurs, les Justes — c'est-à-dire les Juifs — ramperont vers la Terre Promise, hors de leurs tombeaux situés dans tous les pays, par des galeries creusées spécialement pour eux par des forces inconnues ! Le *Targum* ; le *Midrashim*, le *Talmud* peignent avec la satisfaction la plus totale cette merveilleuse attente du Paradis. Le Peuple Élu régnera sur un monde renouvelé, tous les autres peuples sont ses esclaves, ils meurent et renaissent pour retourner encore en Enfer. Les Juifs, eux, ne s'en iront pas et mèneront sur la terre une vie bienheureuse.

« Jérusalem est magnifiquement reconstruite, les confins du Sabbat sont garnis de perles et de pierreries. A-t-on des dettes à payer, on enlève une partie de la clôture et l'on est libéré de toute obligation. Les fruits mûrissent tous les mois, les grappes de raisin sont grosses comme une chambre, les blés poussent tout seuls et lorsque le vent fait onduler les épis les Juifs n'ont qu'à ramasser la farine à la pelle. Huit cents sortes de roses fleurissent dans les jardins, des rivières de lait, de parfum, de miel et de vin arrosent la Palestine. Chaque Juif possède une tente au-dessus de laquelle croît une vigne d'or, à laquelle pendent trente perles, et sous chaque cep est une table couverte de pierres précieuses. Dans le Paradis s'épanouissent huit cents sortes de fleurs et au milieu se dresse l'Arbre de la vie, qui a cinq cent mille sortes de parfums et de saveurs. Sept nuages flottent au-dessus de l'Arbre, et les Juifs frappent de quatre côtés sur ses branches afin que son odeur délicieuse, flotte d'un bout du monde à l'autre, etc., etc. »

Et ce sont ces pauvretés, ces inventions maladives d'avares en goguette qui ne rêvent que trésors, argent, perles, fainéantises et jouissances matérielles que le Juif voudrait faire accepter au monde comme la source, l'inspiration, le point de départ de toute spiritualité ? Et Rosenberg de hausser les épaules :

« Le Pays de Cocagne s'est spiritualisé et a célébré sa résurrection dans le Marxisme Juif et dans sa superbe *« Société future. »* C'est dans cette disposition de l'âme que se manifeste jusqu'à nos jours la cupidité du peuple juif et en même temps son manque presque total de véritable force créatrice, spirituelle et artistique. Le sens religieux fondamental fait défaut, la croyance extérieure à l'immortalité n'est qu'une assimilation superficielle de conceptions étrangères et n'a jamais été une force instinctive innée.

« Aussi l'art Juif ne sera-t-il jamais de style personnel ni non plus vraiment objectif, il ne trahira jamais qu'une certaine habileté technique et une facture subjective, aboutissant à un effet extérieur, enclos le plus souvent dans une enveloppe grossièrement sensuelle quand il ne repose pas totalement sur l'immoralité. Nous avons dans l'art Juif l'exemple d'un groupe humain ancien — on ne peut pas dire un peuple — ayant participé à un grand nombre de civilisations mais sans pouvoir s'arracher à l'instinct : aussi l'art Juif est-il presque le seul qui s'adresse à celui-ci. Qu'on passe en revue les artistes Juifs, à commencer par l'œuvre des Psalmistes, tantôt frémissant de terreur, tantôt « se livrant à des transports d'angoisse », tantôt écumant de la soif de vengeance — Psaumes qui souvent ne sonnent si bien que grâce à l'adaptation poétique de Luther. Prenez ensuite le gémissant Jérémie, Salomon le lascif et tous les autres jusqu'au vil Henry Heine. Qu'on prenne garde à Kelermann divinisant Mammon et à Schnitz le chercheur d'« effets sensuels. » Et Félix Mendelsohn qui travailla si dur et pendant tant d'années pour arriver de Zelter à Bach, pour lequel la Juiverie faisait alors de la réclame ! Et Mahler, qui était parti pour s'élever sur les hauteurs et qui pourtant finit par être obligé lui aussi de « faire le Juif » ! Et l'énorme théâtre-cirque si surfait, de Reinhardt-Goldmann, et les enfants-prodiges Juifs, au violon, sur les planches... adaptation, technique, effet, maniérisme, quantité, virtuosité, tout ce que l'on voudra, sauf le génie, la force créatrice. »

L'Allemagne, orientée vers la tradition nordique du « *Held* » — le Preux, le Héros — nourrie des contes et des légendes du Nord qui exaltent le dévouement héroïque, l'exaltation de la personnalité, la fierté de soi-même et la fierté de son œuvre, est entrée en conflit avec le matérialisme rampant et jouisseur du Juif, et il ne pouvait en être autrement. Les Juifs ont gagné la première manche en accaparant la pensée allemande, en répandant en maîtres leurs doctrines sociales qui aboutirent à l'effondrement de 1918, en livrant l'Allemagne aux folies Marxistes, communistes, socialistes de la République à directives Juives née de la Révolution de Novembre.

Aujourd'hui la chance a tourné, et les Juifs crient au secours, ils ne récoltent pourtant que ce qu'ils ont semé.

II

LES CONSÉQUENCES DE L'ENVAHISSEMENT JUIF LA DÉFAITE DE 1918

Le Juif a pris pied en Allemagne, il y a maintenant droit de cité, que va-t-il y faire, quels services va-t-il rendre au reste du peuple allemand pour le remercier de l'avoir admis dans son sein ?

Hitler, qui fait la guerre effectivement et non en traitant des marchés d'obus ou de chaussures ne s'aperçoit pas dès les premiers jours de l'effort Juif contre l'Allemagne. C'est une fois blessé, le 7 Octobre 1916, et évacué vers l'arrière qu'il constate ce long effritement de l'honneur et de la volonté allemande, effritement qui a le Juif à sa base et qui s'est manifesté chez toutes les nations « contaminées. »

En Russie, Lénine et Trotzky, renvoyés de Suisse comme indésirables et « inoculés » à la Russie après avoir traversé l'Allemagne comme du venin, en wagons plombés — arme dangereuse que Guillaume II se repentit d'avoir utilisé, quand la contagion gagna ses armées.

En France, Landau, Goldsky, Almereyda, tous les fauteurs de défaitisme qui firent fusiller tant de pauvres égarés lors des mutineries de 1917.

En Angleterre, les cyniques « objecteurs de conscience. »

En Allemagne enfin, la campagne socialo-communiste des Juifs abrités loin des balles, Juifs d'usines, de commerce, de combinaisons louches, qui tandis que luttait l'armée minèrent l'arrière jusqu'au jour où, malgré tout le sang versé, tous les dévouements, tous les sacrifices, l'honneur allemand sombre dans la bacchanale de la Révolution rouge qui pousse les Juifs à la tête de l'État.

Revenu au feu, évacué à nouveau pour une atteinte des gaz, c'est des fenêtres de son hôpital qu'Hitler verra défiler la marée de honte, les camions drapés de rouge où paradent les déserteurs, la crosse en l'air et les Juifs « délégués, commissaires du peuple, présidents des comités d'ouvriers et de soldats », et ses réflexions sont amères.

« Le Marxisme dont le but définitif est et reste la destruction de tous les États nationaux non-Juifs s'aperçut avec épouvante qu'au mois de Juillet 1914 les ouvriers allemands qu'il avait pris dans ses filets se réveillaient et commençaient à se présenter de plus en plus promptement au service de la Patrie. En quelques jours, toutes les fumées et les duperies de cette infâme tromperie du peuple furent semés à tous les vents, et soudain le tas des dirigeants Juifs se trouva isolé et abandonné, comme s'il n'était plus resté aucune trace de ce qu'ils avaient inoculé aux masses depuis soixante ans.

« Ce fut un vilain moment pour les mauvais bergers de la classe ouvrière du peuple allemand. Mais aussitôt qu'ils aperçurent le danger qui les menaçait, ils se couvrirent jusqu'aux oreilles du « manteau du mensonge » qui rend invisible et mimèrent sans vergogne l'exaltation nationale.

« C'eût été le moment de prendre des mesures contre la fourbe association de tous ces Juifs empoisonneurs du peuple, c'est alors qu'on aurait dû faire leur procès, sans le moindre égard pour les cris et les lamentations qui auraient pu s'élever.

« Il était du devoir d'un gouvernement attentif, au moment où l'ouvrier revenait à un sentiment national, de détruire impitoyablement les ennemis de la nation. Tandis que les meilleurs tombaient au front, on aurait pu tout au moins s'occuper, à l'arrière, de détruire la vermine !

« Mais au lieu de tout cela Guillaume II tendit la main aux anciens criminels, et accorda son indulgence aux plus perfides assassins de la nation qui purent ainsi reprendre leurs esprits. Ainsi le serpent pouvait continuer son œuvre plus prudemment qu'autrefois, et d'autant plus dangereusement. Pendant que les gens honnêtes, au feu, rêvaient de leur vieille robe de chambre, les criminels parjures organisaient la révolution. »

En convalescence et au dépôt, en 1916, le soldat Hitler avait déjà constaté la baisse du moral de l'arrière :

« L'état d'esprit général était lamentable, les bureaux étaient bondés de Juifs. Presque tous les secrétaires étaient Juifs, et tout Juif était secrétaire. Je m'étonnais de cette abondance d'embusqués du peuple élu, et ne pouvais faire autrement que de comparer leur nombre à celui de leurs rares représentants sur le front.

« Du point de vue économique, la situation était encore plus mauvaise. Le peuple Juif était réellement devenu « indispensable », l'araignée commençait à sucer doucement le sang du peuple allemand...

« Pendant que le Juif pelait la totalité de la nation et la pressurait sous sa domination, on excitait Munich contre les Prussiens. Ces agissements m'affligeaient infiniment. En eux je ne pouvais voir que la géniale astuce du Juif, qui détournait de soi l'attention générale pour la porter sur d'autres buts. Pendant que la Bavière et la Prusse se disputaient, il leur subtilisait devant le nez leurs moyens d'existence, et il organisait la révolution et démolissait Prusse et Bavière en même temps. »

À l'hôpital de Pasewalk, Hitler voit s'accomplir le dernier acte et l'épanouissement du travail souterrain mené par la Juiverie.

« Il régnait depuis longtemps déjà dans l'air quelque chose d'indéfinissable et de répugnant. On se racontait les uns aux autres que dans quelques semaines « cela allait commencer », mais je ne pouvais pas me représenter ce qu'il fallait entendre là-dessous. (Hitler, touché aux yeux par les gaz, ne pouvait lire les journaux). Et un jour la catastrophe fit soudain sa brusque irruption.

« Des matelots arrivèrent en camions automobiles, et excitèrent à la révolution. Quelques jeunes Juifs étaient les « Chefs » de ce mouvement pour « la Liberté, la Beauté, et la Dignité » de l'existence de notre peuple. Aucun de ces Juifs n'avait jamais été sur le front. Par le biais d'un hôpital de vénériens ces orientaux-là avaient été refoulés de la zone des étapes vers l'arrière.

« Maintenant ils y hissaient le chiffon rouge. »

Pour Hitler comme pour tous les Allemands subsiste cette pensée, cet axiome primordial qui sauve l'amour-propre du peuple-soldat :

« L'Allemagne n'a pas été vaincue par les armes, mais trahie par les éléments non-allemands qu'elle avait eu l'imprudence de s'intégrer, et qui, refusant d'aller se battre, se sont réservés pour lui donner le coup de couteau dans le dos. »

De là à éliminer ces éléments métèques, la plupart Judaïques, pour éviter le retour de semblables trahisons, il n'y a qu'un pas. C'est également la doctrine de Rosenberg :

« Le Germain n'a malheureusement pas été vigilant. Il a généreusement accordé au sang étranger ces mêmes, droits qu'il avait, au cours des siècles, conquis au prix de durs sacrifices. Il a pratiqué la tolérance de la pensée religieuse et scientifique là même où il eût dû prononcer la formation de l'homme et du peuple, et de l'organisation de l'État, condition primordiale de l'existence nationale. Il n'a pas compris que la tolérance entre protestants et catholiques quant à leurs opinions sur Dieu et sur l'immortalité est une chose, et que la tolérance à l'égard de traits de caractère antigermaniques en est une autre, il n'a pas compris que le spéculateur en Bourse ne peut avoir le même Droit que le Héros — que le sectateur de la loi immorale et antigermanique du *Talmud* ne peut se voir accorder les mêmes droits sur la formation de la vie nationale qu'un officier hanséate ou allemand. C'est de ce péché contre son propre sang qu'est née la grande faute de ce peuple : la constitution de « Deux Allemagnes », divergence qui apparut en 1870, qui en 1914 les dressait implacablement l'une contre l'autre, qui les sépara en 1918 et qui cause aujourd'hui une lutte à mort, encore que ces deux tendances ne soient pas encore partout conscientes de leur rupture.

« Ce qui s'est passé pendant les guerres de religion et du temps de Gustave-Adolphe recommence aujourd'hui, mais les symboles sont différents. Il ne s'agit plus de symboles ecclésiastiques abstraits, mais tout se passe enfin en deux partis : le sang germano-nordique et l'homme inférieur en liaison avec la mentalité judéo-syrienne.

« Le Sang versé par la nation sur tous les champs de bataille du monde a donné à l'habitant « démocratique » de nos régions de l'Est et à ses aides bâtards de nos villes cosmopolites l'occasion de prendre leur essor. Le type humain qui, il y a 150 ans, s'éleva à la tête de la Révolution Française se montra aussi en Allemagne en 1918 à la tête de la démocratie, bien pourvu d'argent par la Juiverie. Il méconnaissait les anciennes valeurs et les combattait ouvertement et impudemment dans la rue et sur les places publiques : *« L'idéal le plus stupide est celui du héros »* écrivait le *Berliner Tageblatt*. Le spéculateur heureux devint un homme de bien, le Juif banquier venu d'Orient fut le financier des partis qui se proclamaient les soutiens de l'État, et quiconque combattait le dénigrement de l'âme allemande fut jeté en prison pour « atteinte à la forme républicaine du gouvernement. » Parallèlement à cette interversion des valeurs, on relève l'altération du « sang dominant », et un simple coup d'œil sur la série des chefs de parti démocratico-marxiste démontre d'une façon effrayante la décadence raciale qui éclate, depuis les grandes intelligences comme Moltke, Bismarck, Roon, Guillaume Ier, jusqu'à ces parlementaires qui, jusqu'en 1933, exploitèrent l'Allemagne, colonie de la Bourse. »

En Allemagne, comme d'ailleurs en France et dans toutes les nations gravement atteintes par la guerre, le meilleur de la population s'était fait tuer. Il ne reste pour refaire la Nation que les déchets physiques et les déchets sociaux. Avec ces éléments, des appétits et quelques théories astucieuses jetées au peuple incapable de les comprendre mais tenté par leur mirage, le Juif va amener le triomphe du marxisme, c'est-à-dire son triomphe personnel.

« Pendant quatre ans et demi, dit Hitler, le meilleur des groupes nationaux avait été atrocement décimé sur les champs de bataille, mais le groupe des Mauvais s'était, pendant ce même temps, merveilleusement conservé.

« Chacun des héros morts fut remplacé par un embusqué. La fin de la guerre offrit le tableau suivant :

« La nombreuse classe moyenne de la Nation avait payé régulièrement l'impôt du sang.

« La classe extrême des meilleurs s'était presque intégralement sacrifiée avec un héroïsme exemplaire.

« La classe extrême des mauvais, favorisée par les lois les plus insensées d'une part, et d'autre part par un usage insuffisant du code militaire était là, par malheur, intégralement !

« Cette crasse bien conservée de notre corps social a alors fait la révolution, et elle n'a pu ; la faire que grâce à ce fait que la fraction extrême des meilleurs éléments du pays ne pouvait plus s'y opposer : elle était morte.

« ‚Si alors un seul général avait décidé de faire descendre à coups de fusil par ses hommes restés fidèles toutes les loques rouges, s'il avait fait aligner au mur les « conseils de soldats », brisé les résistances possibles à coups de canons et de grenades, en moins de quatre semaines ses troupes se seraient grossies d'assez d'hommes pour pouvoir constituer soixante divisions !

« C'était cette pensée qui faisait le plus trembler les Juifs qui tiraient les ficelles, et cette crainte les détermina à maintenir à la révolution une allure assez modérée : la révolution ne devait pas dégénérer en bolchevisme, mais au contraire, vu les circonstances, jouer hypocritement le régime du calme et de l'ordre.

« La bourgeoisie couarde fut à cet égard appréciée à sa juste valeur par le marxisme, et traitée tout simplement « en canaille. » On ne s'en occupa d'ailleurs pas du tout, sachant que l'obséquiosité rampante de cette formation politique, composée d'une génération vieillie et usée, ne serait jamais capable d'opposer une résistance sérieuse. »

De la désorganisation de l'antique Allemagne impériale, que fit surgir ce mouvement monté de toutes pièces par les pires éléments de la nation avec l'argent et les encouragements du Juif ? Rien rigoureusement d'utile et de durable, car le Juif est incapable de créer, mais un mouvement social anarchiste, communiste, marxiste qui porta le Juif à la surface, comme l'écume des eaux agitées et lui donna enfin la domination tant rêvée sur l'Allemagne entière.

III

LE MARXISME, TRIOMPHE DU JUIF

Depuis qu'Hitler écrivit *Mein Kampf*, Rosenberg *Le Mythe du XXe Siècle*, il s'est produit un fait nouveau qui ne peut manquer d'être présent à l'esprit du lecteur, et spécialement du lecteur français. La Révolution marxiste, un instant triomphante en Allemagne et à présent totalement abattue par le National Socialisme a fait un nouveau bond en avant. Avec Léon Blum et le Front Populaire, digne pendant du *Frente popular* espagnol, elle a gagné la France qui n'a pas réagi ou qui du moins ne commence à réagir que faiblement.

La Grande République, la Reine des Démocraties connaît à son tour la joie, après avoir encouragé en Allemagne et en Italie les théories les plus subversives, d'avaler sa propre médecine. Nous recommandons donc tout spécialement à l'attention des Français ces lignes écrites depuis quinze ans déjà, véritable prophétie qui leur fera nous en sommes persuadés, reconnaître en la personne du Führer une des plus hautes et des plus courageuses, intelligences de l'heure présente. Pour avoir négligé de tenir compte de l'expérience allemande, pour avoir accueilli à bras ouverts la racaille juive expulsée de tous les États civilisés, pour avoir fermé l'oreille à tous les avertissements venus d'Allemagne, pays que l'on ne traitait en France qu'avec haine et dérision, les Français enjuivés jusqu'au cou pataugent à l'heure actuelle dans le fumier marxiste, ruine du commerce, de la richesse, de la sécurité et de la fraternité de leur nation.

C'est bien fait ! Il est beau d'être accueillant et hospitalier, mais il est des gens à qui il convient de fermer sa porte au nez. Cette confession, cet examen de confiance d'Hitler que l'on va lire, bien des Français les font à l'heure actuelle, et leur réaction sera exactement celle de l'Allemagne, plus violente encore peut-être car le virus Juif s'est développé en France d'une façon plus nocive et plus hideuse. Ceci dit, écoutez Hitler : ensuite vous conviendrez qu'en écrivant *Mein Kampf* en 1925 il avait vu juste.

> « Lorsque je découvris que le Juif était le chef de la Social-Démocratie, les écailles commencèrent à me tomber des yeux. Ce fut la fin du long combat intérieur que j'avais eu à soutenir...

> « Le cosmopolite sans énergie que j'avais été jusqu'alors devint un antisémite fanatique.

> « Une fois encore, mais c'était la dernière, une angoisse pénible me serra le cœur : tandis que j'étudiais l'influence exercée par le peuple Juif au cours de l'histoire, je me demandai soudain avec anxiété si le destin, dont les vues sont insondables, ne voulant pas pour des raisons inconnues de nous autres pauvres hommes et en vertu d'une sorte de prédestination, la victoire finale de ce petit peuple...

> « Le droit que nous estimons avoir de lutter pour notre conservation est-il réellement fondé, ou n'existe-t-il que dans notre esprit ?

> « Le destin me donna lui-même la réponse pendant que je m'absorbais dans l'étude de la doctrine marxiste et que j'observais impartialement et à loisir l'action du peuple Juif.

> « La doctrine Juive du marxisme rejette le principe aristo-cratique observé par la nature, et met à la place du privi-

lège éternel de la force et de l'énergie la prédominance du nombre et de son poids-mort. Elle nie la valeur individuelle de l'homme, conteste l'importance de l'entité ethnique et de la race et prive ainsi l'humanité de la condition préalable mise à son existence et à sa civilisation. Admise comme base de la vie universelle, elle entraînerait la fin de tout ordre humainement concevable ; et de même qu'une pareille loi ne pourrait qu'aboutir au chaos dans cet univers au-delà duquel s'arrêtent nos conceptions, de même elle signifierait ici-bas la disparition des habitants de notre planète.

« Si le Juif, à l'aide de sa profession de foi marxiste, remporte la victoire sur les peuples de ce monde, son diadème sera la couronne mortuaire de l'humanité...

« C'est pourquoi je crois agir selon l'esprit du Tout-Puissant, notre créateur, car en me défendant contre le Juif je combats pour défendre l'œuvre du Seigneur. »

Les temps présents, l'après-guerre pour l'appeler par son nom, ont vu se développer à l'extrême la concentration urbaine, le salariat, les masses ouvrières de la grande industrie. Incompréhensifs, le patronat et la bourgeoisie ont manqué l'occasion de se mettre à la tête de ces masses, de se faire les guides et les éducateurs des mouvements sociaux. Le Juif a habilement profité de cette carence, et l'étude d'Hitler sur cette alliance du Juif et de l'ouvrier d'usine rayonne d'une aveuglante clarté, d'une puissance de prédiction et de prévision telle que l'évolution de la France depuis 1936 semble y être tracée à l'avance pas à pas.

« De nouvelles masses d'hommes s'élevant à des millions d'individus émigrèrent de la campagne dans les grandes villes pour gagner leur vie en qualité d'ouvriers de fabrique dans les industries nouvellement fondées. Les conditions de travail et de vie de cette classe étaient plus que misérables, les anciennes méthodes de travail de l'artisan et aussi du cultivateur ne pouvaient pas s'adapter plus ou moins automatiquement la nouvelle forme de l'industrie, l'activité de l'un comme de l'autre ne pouvait se comparer aux efforts imposés à l'ouvrier d'usine. Dans les anciens métiers, le temps pouvait ne jouer qu'un rôle secondaire, il a le premier dans les méthodes actuelles du travail.

« Le transport de l'ancienne durée du travail dans la grande industrie eut un effet désastreux, car le rendement effectif du travail était peu considérable parce qu'on n'employait pas les méthodes actuelles du travail intensif. Si l'on pouvait supporter autrefois une journée de travail de quatorze ou quinze heures, on ne pouvait plus y résister à une époque où chaque minute est utilisée à l'extrême. Cet absurde transfert de l'ancienne durée du travail dans la nouvelle industrie fut fatal à deux points de vue : il ruina la santé des ouvriers et détruisit leur foi en un droit supérieur.

« A ces inconvénients vint s'ajouter d'une part la lamentable insuffisance des salaires et de l'autre la situation très supérieure des employeurs qui n'en était que plus frappante. À la campagne il ne pouvait pas y avoir de question sociale, parce que maître et valet se livraient au même travail et surtout mangeaient au même plat, mais, là aussi, il y eut du changement...

« Une chose est sûre, c'est que la nouvelle classe ne possédait pas dans ses rangs les plus mauvais éléments, mais au contraire, et dans toutes les branches de l'activité, les plus énergiques : L'affinement excessif, résultat de ce qu'on appelle la civilisation, n'avait point encore exercé ici son influence qui désagrège et détruit. La nouvelle classe n'était pas encore, dans ses masses profondes, contaminée par le poison de la lâcheté pacifiste : elle était restée robuste et, quand il le fallait, brutale.

« Tandis que la bourgeoisie se désintéresse de cette question primordiale et laisse avec indifférence les événements suivre leur cours, le Juif se rend compte des perspectives infinies qui s'ouvrent ici pour l'avenir : tout en organisant d'un côté jusqu'à leurs dernières conséquences les méthodes capitalistes d'exploitation de la race humaine, il se rapproche des victimes de ses conceptions et de ses actes et devient bientôt leur chef...

« Comme il a l'impudence de se mettre à la tête des masses, il ne vient pas à l'esprit de celles-ci qu'elles sont les dupes de la plus infâme tromperie de tous les temps : et pourtant il en est ainsi. À peine la nouvelle classe est-elle sortie de la transformation économique générale que le Juif voit déjà nettement de quel instrument il dispose pour s'avancer lui-même...

« A partir de ce moment, la tâche de l'ouvrier est de combattre pour l'avenir du peuple Juif. Sans qu'il le sache, il est au service de la puissance qu'il croit combattre. On le lance en apparence à l'assaut du capital, et c'est ainsi qu'on le fait le plus commodément lutter pour celui-ci. On crie contre le capital international, mais c'est l'économie nationale que l'on vise, c'est elle qui doit être démolie, afin que sur son cadavre la Bourse Internationale puisse triompher.

« Voici comment le Juif s'y prend :

« Il se rapproche de l'ouvrier, feint hypocritement d'avoir de la compassion pour son sort ou même d'être indigné de la misère et de la pauvreté qui sont son lot : le Juif gagne ainsi la confiance de l'ouvrier. Il s'efforce d'étudier toutes les épreuves, réelles ou imaginaires, que comporte la vie de l'ouvrier et d'éveiller chez lui le désir violent de modifier ses conditions d'existence. Le besoin de justice sociale qui sommeille toujours dans le cœur d'un Aryen, le Juif l'excite habilement jusqu'à ce qu'il se change en haine contre ceux qui jouissent d'un sort plus heureux, et il donne un aspect philosophique précis au combat livré contre les maux sociaux.

« Il jette les bases de la doctrine marxiste. En la présentant comme intimement liée à de justes revendications sociales, il favorise sa propagation et inversement soulève l'opposition des gens de bien qui refusent d'admettre des revendications qui, sous la forme où elles sont présentées, leur paraissent foncièrement injustes et inexcusables.

« Car, sous le masque d'idées purement sociales, se cachent des intentions vraiment diaboliques : on les expose même publiquement avec la clarté la plus impudente. Cette doctrine est un mélange inextricable de raison et de niaiserie humaine, mais ainsi dosé que seul ce qu'elle a de fou peut être réalisé, et jamais ce qu'elle a de raisonnable. En refusant à la personnalité et, par suite, à la nation et à la race qu'elle représente, tout droit à l'existence, elle détruit la base élémentaire de ce qui constitue l'ensemble de la civilisation humaine, laquelle dépend précisément de ces facteurs. Voilà l'essence même de la philosophie marxiste, autant qu'on peut donner le nom de « *philosophie* » à ce produit monstrueux d'un cerveau criminel. La ruine de la personnalité et de la race supprime le plus grand obstacle qui s'oppose à la domination d'une race inférieure, c'est-à-dire de la race juive.

« Ce sont précisément, ses théories extravagantes en économie et en politique qui donnent sa signification à cette doctrine. Car l'esprit qui l'anime détourne tous les hommes vraiment intelligents de se mettre à son service, tandis que ceux qui ont moins l'habitude d'exercer leurs facultés intellectuelles et qui sont mal informés des sciences économiques s'y rallient bannières au vent. L'intelligence nécessaire à la conduite du mouvement — car même ce mouvement a besoin, pour subsister, d'être dirigé par l'intelligence — c'est le Juif qui, en « se sacrifiant » la tire du cerveau d'un de ses congénères.

« Voilà comment naît un mouvement de travailleurs exclusivement manuels conduits par les Juifs. Il a, en apparence, pour but d'améliorer la condition des travailleurs ; en réalité, sa raison d'être est de réduire en esclavage et, par là, d'anéantir tous les peuples non-juifs.

« La campagne entamée par la franc-maçonnerie, dans les milieux qualifiés d'intellectuels, pour paralyser l'instinct de conservation national au moyen des doctrines pacifistes, la grande presse, qui est toujours aux mains des Juifs, la poursuit auprès des masses et surtout de la bourgeoisie. À ces deux armes dissolvantes vient se joindre une troisième, et de beaucoup la plus redoutable, l'organisation de la violence. Le marxisme doit, comme troupe d'attaque et d'assaut, achever de renverser ce que les deux premières armes ont déjà sapé pour lui préparer la besogne.

« C'est une manœuvre admirablement combinée, de sorte qu'il ne faut pas s'étonner si l'on voit, devant elle, renoncer à la lutte précisément ces institutions qui se sont toujours plu à se représenter comme les organes de la plus ou moins légendaire autorité de l'État. Auprès de nos hauts fonctionnaires, et même de ceux les plus élevés dans la hiérarchie, le Juif a trouvé en tous temps (à de rares exceptions près) les auxiliaires les plus complaisants pour son travail de destruction. Servilité rampante devant les supérieurs, arrogance hautaine envers les inférieurs, voilà ce qui caractérise ce corps, ainsi qu'une stupidité révoltante qui n'est surpassé que par une infatuation souvent effarante.

« Mais ce sont là des qualités qui sont utiles au Juif dans ses rapports avec nos autorités qui lui sont, en conséquence, très sympathiques.

« Il devient peu à peu le chef du mouvement ouvrier et cela d'autant plus allègrement qu'il n'a pas sérieusement l'intention de remédier réellement aux injustices sociales, mais qu'il vise uniquement à créer progressivement un corps de combattants dans la lutte économique, qui lui seront aveuglément dévoués et qui détruiront l'indépendance de l'économie nationale. Car, si la conduite d'une politique sociale saine doit prendre pour points de direction, d'une part le maintien de la santé du peuple, de l'autre, la défense d'une économie nationale indépendante, non seulement ces deux considérations laissent le Juif tout à fait indifférent, mais le but de sa vie est d'en débarrasser sa route. Il ne désire pas maintenir l'indépendance de l'économie nationale, mais la supprimer. Aussi ne se fait-il pas scrupule d'élever, comme chef du mouvement ouvrier, des exigences qui non seulement dépassent le but, mais auxquelles il serait impossible de satisfaire ou bien qui amènerait la ruine de l'économie nationale. Il veut avoir devant lui une génération d'hommes non pas sains et solides, mais un troupeau dégénéré et prêt à subir le joug. C'est dans cette intention qu'il met en avant les revendications les plus absurdes qu'il sait très bien ne pouvoir être satisfaites et qui ne changeront donc rien à l'état des choses, mais auront tout au plus pour effet d'éveiller dans les masses une vague et violente irritation. Car c'est là ce qu'il recherche et non pas à améliorer réellement et honnêtement leur situation sociale.

« Le Juif restera donc le chef incontesté du mouvement ouvrier tant que n'aura pas été entrepris un gigantesque travail pour éclairer les grandes masses, pour les renseigner plus exactement sur les causes, de leur éternelle misère, tant que l'État ne se sera pas débarrassé du Juif et de son travail souterrain. Car aussi longtemps que les masses seront aussi peu orientées qu'elles le sont actuellement, que l'État se montrera aussi indifférent, elles suivront toujours le premier qui leur fera, au point de vue économique, les promesses les plus éhontées. Sur ce point, le Juif est passé maître, car toute son activité n'est tenue en bride par aucune sorte de scrupules de morale.

« C'est pourquoi il l'emporte facilement sur ce terrain, et en peu de temps, sur tous ses concurrents. Conformément à la brutalité et à l'instinct de brigandage qui sont en lui, il donne au mouvement ouvrier un caractère de violence la plus brutale. La résistance de ceux dont le bon sens ne mord pas à l'hameçon est brisée par la terreur. Les conséquences d'une pareille activité sont effrayantes.

« En fait, le Juif détruit les fondements de l'économie nationale par l'intermédiaire de la classe ouvrière, qui pourrait faire la prospérité de la nation.

« Parallèlement, se développe l'organisation politique.

« Elle concorde avec le mouvement ouvrier en ce que le mouvement ouvrier prépare les masses à faire partie de l'organisation politique, les y fait même entrer de force et comme à coups de fouet. Il est la source permanente des subsides au moyen desquels l'organisation politique entretient son énorme appareil. Il est l'organe de contrôle pour l'activité politique des individus et joue le rôle de rabatteur pour toutes les grandes démonstrations politiques. Il finit par ne plus lutter pour les conquêtes économiques, mais met son principal moyen de combat, la grève, sous forme de grève de masse et de grève générale, à la disposition de l'idée politique.

« En créant une presse dont le contenu est adapté à l'horizon intellectuel des lecteurs les moins cultivés, l'organisation syndicale et politique tend à répandre un esprit de révolte qui rend les plus basses classes de la nation mûres pour les actes les plus téméraires. Sa tâche n'est pas de tirer les hommes du marais de leurs bas instincts et de les faire parvenir à un niveau supérieur, mais au contraire, de flatter leurs plus vils appétits. C'est là une spéculation qui rapporte beaucoup quand on s'adresse à la masse dont la paresse intellectuelle n'a d'égale que la présomption.

« C'est cette presse avant tout qui dénigre, dans un esprit de calomnie fanatique, tout ce qu'on peut considérer comme l'appui de l'indépendance nationale, d'une culture élevée et de l'autonomie économique de la nation.

« Elle sonne avant tout la charge contre tous les hommes de caractères qui ne veulent pas s'incliner devant la prétention que les Juifs ont de dominer l'État ou dont les capacités et le génie paraissent dangereux au Juif. Car, pour être haï de lui, il n'est pas nécessaire qu'on le combatte ; il suffit qu'il vous soupçonne soit de pouvoir penser un jour à le combattre, soit d'user de la supériorité de vos dons intellectuels pour développer la force et la grandeur d'une nation hostile au Juif.

« Son instinct, qui est infaillible à cet égard, flaire en tout homme ses dispositions naturelles et celui qui n'est pas l'esprit de son esprit est sûr de l'avoir pour ennemi. Comme le Juif n'est pas celui qui est attaqué, mais bien l'agresseur, il considère comme son ennemi non pas seulement celui qui l'attaque, mais aussi celui qui lui résiste. Le moyen qu'il emploie pour tenter de briser les âmes aussi audacieuses, mais droites, n'est pas un combat loyal, mais le mensonge et la calomnie.

« Dans ce cas, il ne recule devant rien et sa vilenie est tellement gigantesque qu'il ne faut pas s'étonner si, dans l'imagination de notre peuple, la personnification du diable, comme symbole de tout ce qui est mal, prend la forme du Juif.

« L'ignorance où est la masse du caractère intime du Juif, le manque d'instinct et l'intelligence bornée de nos hautes classes font que le peuple est facilement victime de cette campagne de mensonge menée par les Juifs.

« Tandis que les hautes classes, avec la lâcheté innée chez elles, se détournent d'un homme que le Juif attaque ainsi par le mensonge et la calomnie, les masses, par sottise ou simplicité, croient d'ordinaire tout le mal qu'on dit de lui. Les autorités soit s'enferment dans le silence, soit, ce qui le plus souvent fait cesser la campagne de la presse juive, poursuivent celui qui a été injustement attaqué, mesure qui, aux yeux de ces âmes de fonctionnaires, est propre à maintenir l'autorité de l'État et à assurer le calme et le bon ordre.

« Peu à peu, la crainte de l'arme marxiste, maniée par la juiverie, s'impose comme une vision de cauchemar au cerveau et à l'âme des gens convenables.

« On commence à trembler devant ce redoutable ennemi et on devient ainsi, en fin de compte, sa victime. »

D'une manière brutale et instantanée en Russie et en Espagne rouge, d'une façon plus souple, plus cachée et partant plus redoutable en France où tant de gens refusent encore d'ouvrir les yeux, l'accès au pouvoir du Juif a amené comme conséquence automatique, le bolchevisme et le triomphe de sa rage d'anéantissement.

Le Docteur J. Goebbels, Ministre de la Propagande du III ͤ Reich, a mis le monde en garde contre ces deux éléments de destruction, liés l'un à l'autre et que l'on ne voit jamais apparaître séparément, le Juif cauteleux et le tueur rouge.

> « Il est une question à mettre au grand jour, celle du Judaïsme dans ses rapports avec le Bolchevisme. Cette question ne peut être ouvertement discutée qu'en Allemagne, par ce que dans d'autres pays — comme c'était le cas autrefois chez nous — il est déjà dangereux de nommer la juiverie par son nom. On ne peut plus douter du fait que c'est le Juif qui a créé le bolchevisme et qui en est aujourd'hui le support. La couche dirigeante de l'ancienne Russie a été si radicalement écartée et extirpée que la seule couche sociale dirigeante qui soit restée pour servir de base au bolchevisme est la juiverie. Tout conflit au sein du bolchevisme est donc plus ou moins une querelle de famille entre Juifs. Les plus récentes exécutions qui ont eu lieu à Moscou se réduisent au fait que, dans leur avidité de puissance et leur rage d'anéantissement, des Juifs ont fusillé des Juifs. C'est une erreur très répandue de croire que les Israélites s'entendent toujours entre eux. Les Juifs ne sont unis que si, au sein d'une majorité nationale prépondérante, ils sont menacés en tant que minorité. Or à l'heure actuelle, en Russie il ne peut plus être question d'une telle menace. Lorsque les Juifs sont au pouvoir, comme c'est aujourd'hui le cas en Russie où ils dominent exclusivement — les vieux antagonismes juifs, assoupis aussi longtemps que la race était menacée, ressuscitent.
>
> « L'idée du bolchevisme, c'est-à-dire de la dénaturation sans scrupule, de la destruction de toute morale et de toute culture, dans le but diabolique de réduire à néant les peuples en général, ne pouvait être conçue que par des cerveaux juifs ! De même, on ne peut se représenter la pratique bolcheviste, dans son horrible et sanglante cruauté, que comme l'œuvre de mains judaïques. Il est bien évident que ces Juifs se

camouflent, qu'en Europe occidentale ils cherchent à contester leur participation, leur responsabilité dans le bolchevisme. C'est là un procédé que les Juifs ont toujours employé et qu'ils emploieront éternellement.

« Mais nous, nous les avons reconnus. Bien plus, nous sommes les seuls, dans le monde entier, qui ayons eu le courage, malgré les risques que nous courions, d'attirer sans cesse l'attention sur ces criminels universels, de crier leurs noms à l'humanité entière.. En Allemagne, il fut un temps où l'on était puni de prison pour avoir appelé un Juif *un Juif*. Cela ne nous a pourtant jamais empêché de le faire. Actuellement, lorsqu'on appelle un Juif par son nom et que l'ont désigne le bolchevisme comme le criminel universel, le monde affecte une réserve distinguée ou joue même souvent l'indignation morale. Pourtant nous croyons que de même qu'il nous a été possible de convaincre les Allemands du danger que représentait le parasitisme de cette race, nous réussirons à ouvrir les yeux d'un monde encore aveugle sur le vrai caractère de la Juiverie et du bolchevisme. En attendant, nous ne cesserons pas, à la vue des crises effroyables qui ébranlent tant de pays, de rappeler aux peuples le danger menaçant, de leur crier : c'est la faute aux Juifs ! C'est la faute aux Juifs

« Nous savons que notre appel est comme un coup de fouet en pleine face de la Juiverie aux traits grimaçants de haine. Mais il ne lui servira à rien, à mesure que l'antagonisme s'accroît, de se dérober sous le masque de la démocratie. Cette manœuvre est trop subtilement imaginée pour pouvoir produire son effet sur des hommes de réflexion, elle ne peut servir que de fiche de consolation au philistin de la pensée. Il l'accueille avec empressement parce que cette fausse étiquette lui permet d'éviter toute décision. Cette soi-disant démocratie bolcheviste, que souvent les journaux anglais et français osent encore opposer comme exemple et modèle à la soi-disant dictature nationale-socialiste, n'est que terreur, meurtre, et dégoutte de sang. La dictature bolcheviste, faite de violence, produit de temps en temps une phrase qu'elle retire de son magasin d'accessoires, lorsque, après une période de terreur qui fait frissonner tous les esprits, elle éprouve la nécessité de se recommander à l'Europe. Alors, sortent soudain des bureaux de propagande communiste des « *canards* » qui mentionnent l'introduction d'une nouvelle constitution, qui parlent du suffrage universel et secret en Russie soviétique, etc. Tout cela n'est que mensonge et on spécule sur le manque de mémoire, sur la paresse d'esprit proverbiale des philistins intellectuels qui l'emportent si souvent en Europe. En réalité, le bolchevisme est le pire régime de terreur, le plus sanglant régime que le monde ait jamais vu. Régime imaginé par des Juifs pour rendre inattaquable leur domination, et dans lequel ils exercent le pouvoir. Mais nous, les nationaux-socialistes, nous sommes assez honnêtes pour fonder et fortifier presque chaque année notre régime, appuyé sur le peuple, par un nouveau plébiscite universel et secret. Le bolchevisme parle sans cesse du peuple, du pays, des ouvriers et des paysans, mais, en réalité, violence est son nom.

« Chaque cerveau se fait une idée de ce bolchevisme, mais cette idée, c'est le plus souvent le bolchevisme lui-même qui la crée au moyen de sa propagande. Suivant le caractère de la personne à laquelle cette propagande s'adresse, ou de celui du groupe de personnes, ou du peuple, cette image est artificiellement retouchée. Rien ni aucun fait n'en appuie la véracité. Il peut arriver par exemple que des représentants d'un grand pays, en visitant une nouvelle station de métro à Moscou, ce qui, dans d'autres capitales n'aurait rien de sensationnel, ou en entendant leur hymne national à l'occasion d'une réception officielle par les bolchevistes, jettent soudain et sans raison plausible par-dessus bord leurs vieilles idées sur le bolchevisme et se réconcilient avec lui. Les Juifs rouges de Moscou connaissent leurs gens. On peut s'imaginer comme ils se moquent entre eux du monde bourgeois et en rient aux larmes.

« Aussi leur rage contre nous est-elle grande car ils savent que nous les avons démasqués et que nous sommes en train de ruiner à fond l'idée du bolchevisme qui s'était répandue en Europe. Ils nourrissent contre nous une haine sans nom et c'est l'un des plus beaux titres de gloire de notre lutte politique. Nous leur arrachons le masque et nous les montrons au monde entier sous leur véritable aspect.

« La propagande bolcheviste travaille suivant un plan de large envergure. Son but est de détruire le monde. Elle éveille dans les autres pays une fausse image du bolchevisme, image naïve entre toutes. Mais cette représentation existe et du fait qu'elle existe, elle produit aussi son effet.

« Dans la pratique, le bolchevisme a un tout autre aspect. Cette pratique ne peut être niée, son effroyable voie est marquée de sang. Elle veut entraîner le monde entier dans son tourbillon qui mène au chaos. C'est la grande tentative de la Juiverie pour s'emparer du pouvoir sur tous les peuples. Aussi la lutte contre ce danger est-elle, dans le vrai sens du mot, une lutte universelle. Elle a commencé sur le sol allemand, elle s'est décidée en terre allemande. Adolf Hitler est son chef devant l'histoire, nous tous en sommes les acteurs, en même temps que les exécuteurs d'une grande mission historique mondiale. Il ne peut y avoir de réconciliation entre les deux extrêmes. Il faut que le bolchevisme soit détruit si l'Europe veut guérir.

« Aussi, la Juiverie sait que l'heure a sonné pour elle. Dans un dernier sursaut, elle cherche à mobiliser contre l'Allemagne toutes les forces possibles. Elle veut consolider sa puissance au moyen d'armements fiévreusement poursuivis. Elle voit dans l'existence de l'Allemagne nationale-socialiste une menace constante contre sa propre existence. Elle s'est installée en Russie et croyait n'y courir aucun risque. Elle forme 98 p. 100 de ces parvenus de la nouvelle bourgeoisie soviétique, êtres lâches, gras, menteurs, intrigants, rancuniers, outrecuidants et frivoles. Ces Juifs parvenus qui ont maintenant la possibilité de perpétrer en grand et sur le dos d'un peuple de 160 millions leurs petites friponneries d'antan, sont les tyrans les plus sanguinaires qu'il y ait. Sans idéal aucun, ils ne veulent que faire souffrir les peuples. Vrai fléau de Dieu fait pour tourmenter les nations et jeter les hommes dans le malheur !

« Nous avons déjà fait remarquer que la propagande bolchevique savait s'adapter à la mentalité des gens auxquels elle s'adresse. Elle se donne une allure radicale ou modérée suivant le besoin. Le ton est tout autre quand le terroriste Dimitroff parle devant le Komintern ou quand le Juif Litwinoff discourt à la Société des Nations. Cette propagande est impie ou pieuse d'après le milieu. Elle ne connaît aucun scrupule, la fin sanctifie les moyens. Dans le monde entier elle dispose d'un appareil compliqué formé par les sections communistes dans les différents pays et il suffit d'appuyer sur un levier de commande pour mettre l'appareil en marche. Elle travaille ouvertement ou en secret dans tous les pays. Malheur à ceux qui la laissent opérer ! Un jour l'État s'effondre, vermoulu, miné par cette activité souterraine que l'on n'avait pas prise au sérieux ou à laquelle on avait accordé trop peu d'attention.

« Nous autres nationaux-socialistes nous n'avons aucun égard à prendre. Nous ne parlons pas le langage de la diplomatie secrète, nous parlons celui du peuple et c'est pourquoi nous espérons que les peuples nous comprendront. Nous avons le bonheur de pouvoir appeler les choses par leur nom. Nous nous y sentons même obligés, car il faut que le monde apprenne à voir. Nous ne pouvons, nous ne devons pas nous taire en présence des dangers qui menacent l'Europe. Prendre des décisions politiques est l'affaire des peuples et de leurs gouvernements, mais proclamer son opinion, indiquer les catastrophes qui menacent, manifester ses soucis, c'est le droit, c'est le devoir de tous ceux auxquels le sort a permis de reconnaître la vérité et donné la possibilité d'élever la voix pour se faire entendre du monde entier. Qui mange du bolchevisme en crève !

« L'ouvrier de l'Europe occidentale voit dans l'Union soviétique un État de prolétaires, donc son État. La classe ouvrière aurait réussi en Russie à « liquider » les exploiteurs capitalistes et à établir la dictature du prolétariat. L'ouvrier libéré y édifierait son État, « la patrie des travailleurs. »

« Or, ce sont des Juifs, comme David Ricardo ou Marx Mardochai qui ont inventé cette science marxiste. Ce sont des Juifs qui ont organisé tous les mouvements ouvriers comme Lassalle-Wolfssohn, Alder, Liebknecht, Luxembourg, Lévi, etc. Ce sont des Juifs qui ont excité l'ouvrier du fond de leurs rédactions où ils ne couraient aucun risque, qui les ont lancés sur les barricades. Ce sont des Juifs comme Paul Singer, Schiff. Kohn, etc... qui furent les bailleurs de fonds, les financiers du bolchevisme-marxisme.

« Vous ne trouverez aucun ouvrier dans le gouvernement soviétique, ce n'étaient et ce ne sont encore presque exclusivement que des Juifs qui le composent. Des chefs du bolchevisme que l'on vient d'exécuter à Moscou, aucun n'était ouvrier, la plupart étaient des Juifs. Le triumvirat qui est sorti vainqueur de ces disputes entre Juifs et qui règne en dictateur sur l'Union soviétique se compose de :

Herschel-Jehuda (Jagoda) chef du Guépéou.
Lazarus Mosessohn Kaganowitsch, beau-père de Staline et commissaire aux Voies et Communications.
Finkelstein-Litvinoff. Commissaire aux Affaires Étrangères, qui tous sont des juifs du ghetto.

« Ce n'est pas la dictature du prolétariat mais bien celle de la juiverie qui règne actuellement dans l'Union soviétique sur le reste de la population.

« Dans 300 immenses complexes de camps de travail le bolchevisme exploite la force de l'ouvrier jusqu'à ses dernières limites. Sur les bords du canal Staline-Mer Blanche qui fut ainsi construit, des centaines de mille de ces malheureux sont enterrés. Des Juifs, chefs du Guépéou, les contraignaient à la construction de ce canal à une cadence meurtrière. Voici leurs noms : HERSCHEL, YAGODA, DAVIDSOHN KWASNTOZKI, ISAAKSOHN ROTTENBERG, GINSBURG BRODSKI, BERENSOHN, DORFMANN, KAGNER, ANGERT, etc. La race de Juda brandit le fouet bolchevique au-dessus de la « patrie du prolétariat. »

« La propagande bolchevique prétend avoir libéré la Paysannerie des griffes du capital exploiteur. Pour capter le paysan, le bolchevisme a fondé l'« Internationale des Paysans », dans le programme de laquelle on peut lire : « Nous exigeons la suppression des charges fiscales, la diminution des impôts pour les paysans de classe moyenne, nous exigeons l'expropriation sans aucune indemnité de la grande propriété et que la terre soit donnée gratuitement aux fils de paysans pour qu'ils la cultivent.»

« Or, quelle est la réalité ? Les greniers de la Russie, soviétique, qui jadis ont contribué à nourrir toute l'Europe Occidentale, ne sont même plus en état de satisfaire aux besoins les plus élémentaires de la population russe. Des millions de gens souffrent de famine en Russie soviétique. Une lutte acharnée s'est déchaînée entre l'organisation de terreur du Guépéou et les paysans. Les Juifs Kaganowitsch, Jagoda et Baumann ont réalisé par la violence le collectivisme des terres, entraînant la mort de plus de 15 millions de paysans et des leurs.

« Et le juif soviétique Rabinivitsch d'avouer cyniquement que la soi-disant « démocratisation » de l'armée n'était qu'un « moyen pour s'emparer de l'armée. »

Voilà ce qui se passe lorsque le Juif est à l'œuvre, lorsqu'il peut mettre la main sur une nation et exercer en toute liberté sa rage de domination mondiale, et c'est ce que résume Hitler en quelques phrases décisives :

« Nous devons voir dans le bolchevisme russe la tentative des Juifs au vingtième siècle, pour conquérir la domination mondiale : à d'autres époques, ils ont pareillement essayé d'atteindre le même but avec des moyens, autres que les moyens actuels, qui leur étaient cependant intérieurement apparentés. Cette tendance est trop profondément ancrée dans tout leur être. Les autres peuples ne renoncent pas d'eux-mêmes à suivre l'instinct qui les fait développer leur genre et leur puissance : ils y sont forcés par des circonstances extérieures ou bien cela constitue chez eux un signe de sénilité : le Juif non plus n'interrompt pas sa marche vers la dictature mondiale par un renoncement volontaire ou bien en refoulant en lui-même son éternelle aspiration. Lui aussi ne saurait être forcé à rebrousser chemin que par des forces extérieures à lui-même, car son instinct de domination mondiale ne s'éteindra qu'avec lui. Mais l'impuissance des peuples, leur mort de vieillesse ne surviennent que lorsqu'ils ont renoncé à la pureté de leur sang. Et le Juif sait le préserver mieux que tout autre peuple au monde. Il poursuivra donc toujours son chemin fatal, jusqu'à ce que s'oppose à lui une autre force qui, en une lutte titanesque, renvoie à Lucifer celui qui monte à l'assaut du ciel.

« L'Allemagne est aujourd'hui le prochain objectif important du bolchevisme. Il faut toute la force d'une grande idée, toute la conscience d'une mission à remplir, pour arracher encore une fois notre peuple à l'étreinte de cette hydre, pour arrêter les progrès de la contamination de notre sang, pour que les forces libérées de la nation puissent entrer en jeu pour assurer la sécurité de notre peuple et rendre impossible jusque dans le plus lointain avenir, le retour des récentes catastrophes. Mais si on poursuit ce but, c'est folie que de s'allier avec une puissance soumise à l'ennemi mortel de notre race. Comment veut-on libérer le peuple allemand de cette étreinte empoisonnée, si on s'y engage aussi ? Comment expliquer à l'ouvrier allemand que le bolchevisme est un crime damnable contre l'humanité, quand on s'allie soi-même avec ses organisations, lorsqu'on les reconnaît ? De quel droit condamner alors dans la masse un individu pour ses sympathies à l'égard de certaines conceptions, quand les propres chefs de l'État prennent comme alliés les champions de ces mêmes idées.

« La lutte contre la bolchevisation mondiale juive exige une attitude nette vis-à-vis de la Russie soviétique. On ne peut pas chasser le diable par Belzébuth. »

Et si l'Allemagne réagit actuellement avec une telle violence, c'est qu'elle a échappé de peu à l'emprise Judaïque au lendemain de sa défaite.

La Banque allemande : MM. Mendelsohn, Jacob Goldschmidt qui fut le commanditaire du journal de Streseman, Fritz Andras, proche parent de Rathenau, Simon, Bleichroder, Furstenberg, Samuel Bachmann, Kahn, Oppenheimer, Warburg dont la puissance réunie, à l'époque où l'Allemagne voyait sa monnaie s'écrouler et payait trois millions un timbre-poste, s'exprimait par milliards de Mark-or !

Juif, ce Jacob Michael qui fit le trust du cinéma, des produits chimiques, des bistrots, des maisons spéciales, des disques de phono et en tira en 1925 cent millions de francs.

Juifs, les Karstadt, Wertheim, Tietz Zwillemberg, Sobenheim, Katzenellenbogen, Strauss et Otto Walff, qui détenaient la couture, les brasseries, les théâtres et les industries de guerre.

Juif les capitalistes qui mirent la main sur la Pensée allemande en accaparant sa presse. Y. Sicard, dans une récente étude, nous précise le détail de cette mainmise totale. Deux groupes, l'un d'éditeurs juifs, l'autre fondé par Reuben Moses sous le nom de Rudolf Mosse, avec des fonds fournis par la banque juive.

« Le premier Koncern, absolument israélite, groupait plusieurs maisons d'éditions et les journaux suivants dont nous notons le détail avec intérêt.

« Voici d'abord les quotidiens :

« *Berliner Morgenpost :* tirage maximum, 600.000 exemplaires.

« *Vossische Zeitung :* tirage maximum, 90.000 exemplaires.

« *Berliner Allegemeine Zeitung :* tirage maximum 50.000 exemplaires.

« *B. Z. Am Mittage :* tirage maximum, 16.000 exemplaires.

« Le grand hebdomadaire « *Illustrierte Zeitung* », dont le tirage atteignit un million 800.000 exemplaires en janvier 1931, appartenait à ce Koncern ainsi que la « *Berliner Montagsport* » (170.000 exemplaires), que la « *Grune Post* » (920.000 exemplaires), que « *Die Dame* » 148.000 exemplaires) que les magazines « *Uhu* » (145.500 exemplaires), « *Die Querchnitt* » (15.000 exemplaires). Nous négligeons quelques feuilles diverses du même trust : « *Berliner Handels-Register* », « *Deutsche Bauwesen* », etc...

« En outre, ce groupe contrôlait la firme cinématographique « Terra », et deux amis de la maison, les socialistes Heilmann et Reidel siégeaient à la commission de contrôle de la Radio de Berlin.

« *Le trust Mosse*, quoique étant de moindre importance, possédait quatre quotidiens :

« *Le Journal du peuple de Berlin* » (*Berliner Volkszeitung*) qui tirait 400.000 exemplaires ; « *8-Uhr-Abendblatt* » (170.000 exemplaires) ; « Berliner Morgenzeitung » (70.000 exemplaires) et enfin le célèbre « *Berliner Tageblatt* » (350.000 exemplaires). Ce n'était pas tout ; parmi les autres publications du trust, il faut mentionner : *Illustrierte Familienzeitung, Bader Almanach, Deutche Kolonialzeitung, Rudolph Mosse Amanach* », et cinq ou six autres organes.

« Le capitalisme juif pouvait ainsi se flatter de propager, à raison de plus de 150 millions d'exemplaires par mois, des idées démocratiques, voire même nettement communistes. »

Enfin, ce qui fut peut-être le comble et ne s'est à notre connaissance présenté dans aucun autre cas, lorsque le banquier Juif Max Warburg représentait l'Allemagne comme expert à la Commission des Réparations, son frère

Félix Warburg, gendre du banquier de New-York Jacob Schiff, représentait à cette même Commission les États-Unis !

Ils avaient fait du chemin, les 0,77 pour cent de la population du Reich, partout ils étendaient leurs tentacules sur l'Allemagne entière, et c'est par un mouvement instinctif de défense contre cet étranglement que le National-Socialisme a posé comme point essentielle de son programme l'élimination des éléments Juifs qui menaçaient la vie même de l'Allemagne.

Politique non point d'agression ou d'intolérance, nous l'avons déjà dit, mais de sauvetage, d'autodéfense, de libération de la part d'un peuple entier enfermé dans ce dilemme :

« Triompher du Juif ou mourir ! »

Politique imposée par les circonstances par l'appétit démesuré du Juif, et qui ne se limitera pas à la seule Allemagne : déjà la France, refuge des Juifs « vidés » du monde entier, commence à s'agiter à son tour, et médite la parole que l'on prête au Führer — et qu'il n'a pas démentie : Je me contente de les expulser, vous, vous serez obligés d'en finir Avec eux. Au moins le monde ne me reprochera pas cette Saint-Barthélemy ! »

IV

LA JUIVERIE ÉTRANGÈRE CONTRE L'ALLEMAGNE

Lorsqu'à l'appel du Führer, l'Allemagne s'est affranchie de Juda, ce ne fut qu'un tollé dans le monde entier où le Juif gagne de plus en plus les fameux « leviers de commande. »

L'Allemagne s'est contentée de ricaner :

« Vous les aimez ant ? a dit le Dr. Goebbels en Juin 1938, Hé bien, prenez-les ! Je me charge de vous les livrer franco de port à votre frontière. »

Mais l'anneau juif qui encercle l'Allemagne, la crasse mondiale des ghettos de Varsovie, de Francfort, de Moscou et des Balkans, répandue sur le monde, cherche à créer contre le Reich un préjugé d'intolérance, un état d'esprit défavorable, une réputation d'« autarchie » intolérante, de danger public, de dynamite toujours prête à exploser... Songez donc ! Quel danger, ce peuple qui ne veut pas de Juifs chez soi !

Il est bon que nous nous livrions à un tour d'horizon méthodique qui nous permettra de constater deux choses :

D'abord l'envahissement des nations dites « démocratiques » par la Juiverie, envahissement qui est l'unique cause de leur attitude parfois peu amicale et incompréhensive à l'égard du Reich, et ensuite l'inquiétude qui commence à se répandre dans l'univers entier, le progrès de ce « nationalisme » qui n'est qu'un sentiment d'autoprotection contre la canaille internationale venue à la surface dès que le Juif gouverne.

Rien ne peut être à la fois plus instructif et plus convainquant, et le mouvement antisémite allemand trouverait là la pleine justification de sa légitimité, si l'Allemagne, répétons-le, n'avait une bonne fois donné à entendre que ce qui se passe chez elle ne regarde personne, ce qui est son droit strict et la base même du Droit International.

> « Pas plus qu'une hyène ne lâche une charogne, dit Hitler, un marxiste ne renonce à trahir sa patrie. Qu'on veuille bien ne pas me faire la plus sotte des objections à savoir que de nombreux ouvriers ont aussi autrefois versé leur sang pour l'Allemagne. Des ouvriers allemands d'accord, mais c'est qu'alors ils n'étaient plus des internationalistes marxistes. Si la classe ouvrière allemande n'avait été composée, en 1914, que de partisans des doctrines marxistes, la guerre aurait été finie en trois semaines. L'Allemagne se serait effondrée avant même que le premier soldat eût franchi la frontière. Non, pour qu'alors le peuple allemand ait continué à combattre, il fallait que la folie marxiste ne l'eût pas corrodé à cœur. Mais qu'un ouvrier allemand et un soldat allemand fussent, au cours de la guerre, repris en main par les chefs marxistes, cet ouvrier et ce soldat étaient perdus pour la patrie. Si l'on avait, au début et au cours de la guerre, tenu une seule fois douze ou quinze mille de ces Hébreux corrupteurs du peuple sous les gaz empoisonnés que des centaines de milliers de nos meilleurs travailleurs allemands de toute origine et de toutes professions ont dû endurer sur le front, le sacrifice de millions d'hommes n'eût pas été vain. Au contraire, si l'on s'était débarrassé à temps de ces quelques douze mille coquins, on aurait peut-être sauvé l'existence d'un million de bons et braves Allemands pleins d'avenir. Mais la « science politique »

de la bourgeoisie consistait justement à envoyer, sans sourciller, des millions d'hommes se faire tuer sur le champ de bataille, tandis qu'elle proclamait hautement que dix ou douze mille traîtres, à leur peuple — mercantis, usuriers et escrocs — étaient le trésor le plus précieux et le plus sacré de la nation et que l'on ne devait pas y toucher. On ne sait vraiment pas ce qui l'emporte dans ce monde bourgeois, du crétinisme, de la faiblesse et de la lâcheté ou bien d'un moral complètement délabré. Il représente une classe condamnée à disparaître et qui, malheureusement, entraîne avec elle tout un peuple à l'abîme. »

À tout Seigneur, tout honneur, nous commencerons donc par les pays où le Juif a triomphé, c'est-à-dire l'U. R. S. S., l'Espagne rouge, et leurs alliés fidèles, la France et la Tchécoslovaquie.

Peu d'Européens sont à même de comprendre ce qui se passe en Russie, c'est-à-dire en Asie.

« Sous la surface de civilisation, dit Rosenberg, sommeillait toujours en Russie une aspiration à une extension sans bornes, l'impétueuse volonté de détruire tout ce qui, dans l'organisation de la vie, fait l'effet d'une barrière. À toutes les secousses qui ébranlèrent la Russie, son sang mêlé d'éléments mongols s'est encore plus dilué, mélangé, et l'a entraînée à des actes qui souvent sont incompréhensibles à nos entendements personnels. Ces brusques renversements de tous les principes de la morale et de la Société, qui reparaissent continuellement dans le cours de l'existence russe — et dans toute sa littérature, depuis Tschadajew jusqu'à Dostoïevski et Gorki — indiquent que des courants de sang adverse luttent les uns contre les autres, et ce conflit ne cessera que lorsque l'une de ces forces raciales aura triomphé des autres.

« Le Bolchevisme représente la révolte de tout ce qui est mongol contre les formes de civilisation nordiques, l'aspiration à la steppe, la haine du nomade contre les clôtures et les racines de la personnalité : il signifie surtout l'effort pour se libérer de l'Europe. »

De temps en temps, des hommes politiques des nations alliées de la Russie sont admis à visiter quelques usines, quelques chantiers — types soigneusement mis au point. Voici ce que dit le Dr. Joseph Goebbels d'une de ces exhibitions.

« Le degré de naïveté que peut atteindre un politicien de l'Occident libéral, le « voyage d'études » entrepris pendant la famine de l'an 1933 par M. Herriot nous en a fourni une preuve éclatante.

« Voici les commentaires qu'il a suscités au « *Forward* » feuille juive de New-York qu'on ne saurait certes suspecter d'être en coquetterie avec les nazis allemands :

« La veille du jour où la délégation était attendue, on a mobilisé à deux heures du matin toute la population de Kiev aux fins de nettoyer les rues principales et de décorer les maisons. Dix mille personnes se ruent au travail, et tentent de donner à la ville qui est dans un état de saleté et de négligence repoussantes un aspect à peu près européen. Tous les offices de répartition de vivres ; les coopératives, etc., sont fermés, les queues devant les magasins, sont interdites, les hordes d'enfants abandonnés, les mendiants, les faméliques disparaissaient comme par enchantement de la circulation. Au carrefour des rues on voit la milice à cheval caracoler sur des montures reluisantes dont les crinières sont parées de rubans blancs — un spectacle comme Kiev n'en avait jamais vu et comme elle n'en reverra probablement jamais. »

Plus près de la vérité, — sans doute parce que Russe — Engelhard nous fait de ce Paradis terrestre un tout autre tableau.

« Aujourd'hui tout s'est écroulé comme un château de cartes. Nous sommes le plus libre de tous les peuples. Nous pouvons maintenant piller, enseigner aux bourgeois à balayer les rues, ou à frotter les planchers, nous pouvons nous battre dans les rues en chantant : « Attaquons à nous trois courageusement cet homme seul, car il est doux de boire à la victoire, après la fatigue d'un jour de travail ! »

« Nous sommes libres, mais la liberté nous a apporté un rare présent : la faim ; une famine comme le monde n'en avait jamais vue encore ! Nous mangerons des charognes, des écorces, de la terre, nous mangerons nos propres enfants. Alors seulement tombera Lénine ou quelque autre tyran communiste, et la populace le déchirera en morceaux dans les rues de Moscou, comme jadis elle déchira en morceaux Dimitri l'Imposteur. Alors nous mettrons dans notre poche le couteau affilé, nous sortirons dans les rues, dans les larges avenues, nous nous cacherons dans les buissons, derrière des murs ou des haies, et murmurant en notre argot de bandit russe la fameuse formule : « *Tue et va en prison !* » nous égorgerons, nous éventrerons les passants et nous vivrons aussi longtemps qu'il restera quelque chose à déchirer. Ensuite, quand il ne restera plus rien, nous tomberons à genoux et crierons de toutes nos forces, pour que le monde entier nous entende :

— « Nous sommes de misérables pauvres pécheurs, nous avons commis d'horribles crimes ! Nous avons tué notre père, notre conscience, notre mère patrie ! Maintenant nous vous montrons notre âme coupable, semblable à une affreuse plaie béante, et nous vous implorons : O nations civilisées, venez nous délivrer ! »

Et aussitôt les pasteurs américains, les vieilles demoiselles anglaises — les « vierges rances », selon le mot de Paul Chack — les éternels jobards catholiques et les innombrables naïfs de tous les pays, répondant aux clameurs apitoyées des Juifs et des Francs-Maçons déchaînés, se cotiseront à beaux deniers et souscriront quel-qu'emprunt de régénération de la Russie.

Ceux qui s'indignent — la plupart du temps sans avoir connaissance des dossiers et sans posséder aucun moyen d'appréciation — de certaines décisions des tribunaux allemands relatives aux Israélites feront bien de méditer le chapitre « *Des preuves en matières criminelle* » du code de Droit Soviétique, promulgué en 1928 par Krylenko et encore en vigueur. Voici les « Sécurités » que donne aux accusés la loi Judéo-Bolchevique :

> « A quoi bon des preuves dans une procédure ? De telles sornettes sont superflues dans un État Prolétarien. Le seul guide dont un juge a besoin dans un procès est notre instinct de classe et notre conscience de classe. Un inculpé appartient-il à la couche bourgeoise de la période pré-révolutionnaire, en voilà assez pour qu'il soit regardé comme coupable. »

Rosenberg, dans « *l'U.R.S.S. enjuivée* » dresse un bilan édificateur de l'activité Juive en Russie :

> « Staline, le chef de la IIIe Internationale n'est pas juif : il n'est pas non plus russe, chacun sait qu'il est caucasien. Mais derrière lui et par-dessus son épaule il y a le regard de son beau-père, Lazarus Mosessohn Kaganowitsch. Or, ce Lazarus Mosessohn Kaganowitsch est le suppléant de Staline ; et, conformément aux décisions du gouvernement des Soviets, il a droit aux mêmes honneurs que son gendre en cas d'absence de ce dernier. Il règne de façon presque absolue, car, au cours des dernières années il a casé dans tous les postes importants de la police, de l'administration intérieure, de l'armée rouge, du commandement extérieur et de la diplomatie des acolytes de sa race. Voici quelques données à l'appui de ce que j'avance :
>
> « On sait que l'autorité chargée par le gouvernement juif d'exterminer tous les Russes nationaux était la Tchéka,

Commission extraordinaire, ayant pour mission de combattre la contre-révolution. Lorsque ce nom, tout éclaboussé de sang, se trouva complètement démonétisé en Russie même, on le changea en celui de Commissariat du peuple pour les affaires intérieures et l'on eut ce qu'on appelle le Guépéou. Le chef de cette terrible organisation est, à l'heure actuelle, le juif Jagoda, qui a pour suppléant Jakob Agranow.

ADMINISTRATION CENTRALE
DE LA SÛRETÉ GÉNÉRALE

Directeur de la Section spéciale : Gay M. J., juif ;
Directeur de la Section économique : Mironow L. G., juif ;
Directeur de la Section extérieure : Ssutzkij A. A., juif ;
Directeur de la Section des transports : Schanin, alias Abrahm Mosessohn, juif ;
Directeur de la Section antireligieuse : Joffre, alias Josasias Leosohn, ancien rédacteur en chef de la revue « *L'Athée* », juif ;
Directeur de l'administration centrale de la milice : Bjelskij, alias Leo Nahumssohn, juif ;
Administration centrale de la protection extérieure et intérieure, directeur de l'administration centrale : Mogilskij B. J., juif ;
Administration centrale des camps de concentration et lieux de bannissement du « Nkwd. »
Commissariat de l'Intérieur de l'U. R. S. S.
Directeur de l'administration centrale : Bâhrmann Jokob M., juif ;
Suppléant : Firin, alias Samuel Jakobsohn, juif ;
Directeur des camps de concentration et des lieux de bannissement en Carélie soviétique et en même temps directeur du « camp de travaux forcés de la mer Blanche » pour prisonniers politiques : Kogan, alias Samuel, juif ;
Commissaire suppléant pour les affaires intérieures et directeur du Guépéou de l'Ukraine soviétique : Katznelsohn S. B., juif ;

Directeur des camps de concentration et des lieux de bannissement du district nord : Finkelstein, juif ;

Directeur du camp de travaux forcés de l'île de Solowezkij, le « Slon » : Serpuchowskij, juif ;

Directeurs des administrations des territoires et districts de la circonscription de Moscou :Rappoport, Abrampolski, Fajwilowitsch, Schkljar, Selikmann, etc.

« Ce n'est qu'un modeste florilège. Mais le résultat total montre que toute la politique intérieure de la Russie soviétique est entre les mains d'un « aréopage » composé de 90 p. 100 de juifs.

« A côté de ce Commissariat de l'Intérieur, s'en trouve un autre s'occupant du commerce intérieur. D'après l'officiel russe, l' « *Iswestija* » du 8 avril 1936, il est constitué par un comité où ne figurent, pour ainsi dire, que des juifs...

« La mesure ne serait pas pleine si toute l'activité de la politique extérieure de l'Union des Soviets se trouvait en mains hébraïques. D'après l'officielle « *Iswestija* » du 8 mai 1936 (numéro 107), il a été constitué auprès du Commissariat du peuple pour le commerce extérieur un comité consultatif dont font partie trente quatre juifs environ.

« De sorte que les destinées de plus de cent cinquante millions de Russes et d'allogènes que comporte l'Union des Soviets, se trouvent également dans le domaine du commerce extérieur, à la discrétion presque absolue des juifs. »

Aussi ne nous étendrons-nous pas sur la campagne de haine qui a accueilli les mesures de protection prises par l'Allemagne contre l'envahissement juif. Tous ces maîtres de la pensée russes — maîtres au prix de quel bain de sang ! — hurlent comme des diables dans un bénitier chaque fois qu'un juif allemand est pris la main dans le sac, et ils cherchent à ameuter le monde entier contre le Reich.

Mais, dès 1918, l'opinion du monde sur cette sinistre débauche de massacres offerts en sacrifice à l'idéologie judéo-marxiste était déjà fixée. Nous n'en voulons pour exemple que l'avis des témoins anglais.

Du « *Livre Blanc anglais sur le Bolchévisme* », septembre 1918, Sir M. Findlay, ambassadeur, à M. Balfour :

> « À Moscou, j'ai eu plusieurs fois des entretiens avec Tchitchèrine et Karachan. Le gouvernement soviétique tout entier est tombé au niveau d'une organisation de malfaiteurs. Le danger est maintenant si grand que, par devoir, il me faut attirer l'attention du gouvernement britannique sur ce fait que, si on ne met pas fin sans délai au bolchévisme en Russie, la civilisation du monde entier est menacée. »

27 novembre 1918, Sir Findlay à M. Balfour :

> « Je suis absolument convaincu qu'il n'y a rien à gagner à négocier avec les bolchévicks. Ils se sont toujours montrés dénués de tous scrupules. Serait-il impossible de les punir de leurs crimes et de débarrasser le monde d'eux par la force, qu'il ne resterait qu'une attitude conforme à la dignité de soi-même, celle de les traiter en parias ! »

Immédiatement après, la Russie, dans ce sinistre palmarès des méfaits de la juiverie, vient l'Espagne.

Point n'est besoin, de rappeler par le détail — et une bibliothèque entière n'y suffirait pas — tous les attentats contre les personnes, les propriétés, les familles, les religions, la pensée qui se perpètrent chaque jour sous la domination des rouges d'Espagne.

> « La presse mondiale, dit Goebbels, n'a pu éviter finalement d'entretenir ses lecteurs des odieuses atrocités commises par les marxistes espagnols sur l'ordre de leurs meneurs étrangers. En deux mois, rien qu'à Madrid, le chiffre des personnes assassinées en prison, dans les rues et à domicile a dépassé vingt six mille. »

Au VIIe Congrès mondial du Komintern, en juillet 1935, Ventura, délégué de l'Espagne, s'était engagé à exécuter au pied de la lettre les directives de Moscou.

« Le prolétariat espagnol et notre parti marcheront à la victoire le front haut, sous l'étendard de Lénine et de Staline. »

On sait ce que cela veut dire.

« En Espagne, comme dans la Russie de 1917, continue le docteur Goebbels, et dans tous les autres pays, ce sont des machinateurs juifs sans patrie qui provoquent et dirigent ces soulèvements bolchévistes. Quant aux non-juifs, ils ont perdu tout sentiment d'appartenance à une nationalité quelconque.

« Et maintenant, qui est théoriquement et pratiquement responsable de tout ce qui se déroule en Espagne ? Tout ce qui se passe dans ce pays n'est que la mise en œuvre des résolutions prises à Moscou. À cette fin, on a envoyé en Espagne des juifs bolchévicks tels que Bela Kun, « le bourreau de la Hongrie », Neumann, qui, en Espagne, porte le nom Enrique Fischer Neumann, Kolzow Ginsburg camouflé en correspondant de la « *Prawda* » de Moscou, et finalement le diplomate rouge de la Société des Nations, le juif Rosenberg[1]. Ce sont les chefs de tous les terroristes de la Russie des Soviets, qui, avec des passeports truqués, le plus souvent, chose étrange, d'origine française, se livrent en Espagne à leur sanglant métier.

« Rien ne caractérise mieux la responsabilité de Moscou que cette volonté d'élargir la grande entreprise de la guerre civile déchaînée en Espagne par le bolchévisme et d'en faire un conflit international.

« Le juif Schwernik, président des syndicats de la Russie soviétique, avoue d'ailleurs ouvertement, l'intention d'ingérence en disant : « Le Comité central convie tous les travailleurs et les masses populaires de l'Union soviétique à

---

1. Ne pas confondre avec le ministre allemand du même nom.

prêter une aide matérielle aux combattants espagnols qui, les armes à la main, défendent la république démocratique » (*Iswestija*).

L'« *Iswestija* » déclare elle-même que le premier secrétaire du Conseil central des Fédérations syndicales de Russie soviétique a fait parvenir aux bolchévistes espagnols une somme de douze millions de roubles, soit trente six millions de francs. Le président de la République espagnole, M. Azana, a exprimé sa reconnaissance au juif soviétique Kilzow-Ginsburg en ces termes :

« Informez le peuple des Soviets que sa compassion et son aide intense nous touchent profondément. J'ai toujours vu clairement que la grande démocratie des Soviets ne pouvait être que solidaire de la démocratie espagnole » (*Börsen-Zeitung*).

« Sans se gêner le moins du monde, le « Secours rouge » de Moscou organise dans tous les pays des collectes pour les bolchévistes d'Espagne. Le secrétaire général de la C. G. T. française, organe syndical du Front populaire, Jouhaux, André Malraux, etc., sont les agents de liaison entre marxistes français et marxistes espagnols, le président du Conseil, M. Giral, remercie Kolzow-Ginsburg de la « brillante initiative des organisations françaises et des personnes qui secondent énergiquement le gouvernement espagnol dans sa lutte. » Il cite tout particulièrement Jouhaux, Malraux et le juif J.-B. Bloch, et termine en réitérant ses remerciements « au peuple frère, au peuple soviétique » (*Prawda*). Comment se fait-il que le gouvernement du Front populaire espagnol remercie un juif soviétique de l'appui apporté par des communistes français ? Ce gouvernement démontre par là que les chefs du parti communiste français, tout comme ceux du parti communiste espagnol, résident à Moscou ! »

Ulrich Fleischhauer, d'Erfurt, qui se fait un malin plaisir de centraliser tous les échos des méfaits du judaïsme tels que les rapporte la presse du monde entier, note entre autres remarques édifiantes :

> « De Séville : « La contrebande d'armes internationale est aux mains de juifs qui ont fixé leur quartier général à Barcelone. Voici leurs noms : Vladimir Bischitzki, Lourié et Fuchs. Le protagoniste est Vladimir Bischitzki. Il a établi méthodiquement un réseau juif de contrebande qui s'étend sur toute l'Europe.
>
> « Ses agents parisiens sont les juifs : Fratkin, Rosenield et Schapiro. À Hirtenberg (Autriche avant l'Anschluss), il travaillait de concert avec le juif Manndl ; à Amsterdam, il travaille avec le juif Wolff ; à Rotterdam, avec les juifs Cohen, Grünfeld, Kirsch et Simon ; au Danemark, avec le juif Moïse Israël Diamant ; à Prague, avec les juifs Kinler, Khan, Abter et Hithner.
>
> « Et voilà comment Juda, sans s'exposer naturellement, travaille, d'un côté à préparer la révolution bolchevique universelle, tandis que de l'autre, cette même révolution qui est son œuvre, lui rapporte des sommes considérables. »

Et ce même souci, au milieu du sang, de ménager l'avenir des intérêts juifs se retrouve dans une autre opération profitable :

> « Le journal national espagnol « *Domingo* », à Saint-Sébastien, Fuentarrabia 3, révèle dans son numéro du 31 octobre 1937 le but que poursuivent les bolchévistes en se livrant à la destruction des vergers de l'Espagne orientale. Comme quoi la juiverie internationale use de son pouvoir absolu sur l'Espagne soviétique pour, entre autres objectifs, faire prendre à l'année, sur le marché mondial une position de premier plan aux oranges dites de Jaffa, oranges plantées le plus souvent par les Arabes, esclaves salariés des colonies juives de Palestine. On atteint ce but précisément en saccageant les vergers espagnols.
>
> « Barbarie qui prouve de nouveau que jamais la juiverie ne fait d'autre politique que la sienne, et que le sort des peuples

aryens lui est complètement indifférent, même si, comme c'est le cas en Espagne rouge, c'est pour elle qu'ils se battent. Les peuples ne sont jamais pour Juda qu'un instrument. »

Pour la France, Hitler, dès 1925, n'était pas tendre :

« C'est uniquement en France que l'on remarque aujourd'hui un accord secret, plus parfait qu'il n'a jamais été, entre les intentions des boursiers, intentions dont les juifs sont les représentants, et les vœux d'une politique nationale inspirée par le chauvinisme. Et c'est précisément cette identité de vues qui constitue un immense danger pour l'Allemagne. C'est pour cette raison que la France est, et reste, l'ennemi que nous avons le plus à craindre. Ce peuple, qui tombe de plus en plus au niveau des nègres, met sourdement en danger, par l'appui qu'il prête aux juifs pour atteindre leur but de domination universelle, l'existence de la race blanche en Europe. Car la contamination provoquée par l'afflux de sang nègre sur le Rhin, au cœur de l'Europe, répond aussi bien à la soif de vengeance sadique et perverse de cet ennemi héréditaire de notre peuple qu'au froid calcul du juif qui y voit le moyen de commencer le métissage du continent européen en son centre et, en infectant la race blanche avec le sang d'une basse humanité, de poser les fondations de sa propre domination.

« Le rôle que la France, aiguillonnée par sa soif de vengeance et systématiquement guidée par les juifs, joue aujourd'hui en Europe, est un péché contre l'existence de l'humanité blanche et déchaînera un jour contre ce peuple tous les esprits vengeurs d'une génération qui aura reconnu dans la pollution des races le péché héréditaire de l'humanité.

« En ce qui concerne l'Allemagne, le danger que la France constitue pour elle lui impose le devoir de rejeter au second plan toutes les raisons de sentiment et de tendre la main à celui qui, étant aussi menacé que nous, ne veut ni souffrir ni supporter les visées dominatrices de la France.

« En Europe, il n'y a, pour tout l'avenir que nous pouvons embrasser du regard, que deux alliées possibles pour l'Allemagne : l'Angleterre et l'Italie. »

Ce qu'il reprochait aux Français, alors comme à présent, c'est leur déplorable facilité à se laisser envahir par des éléments inférieurs, le fait de compter à l'égal des Français de race des électeurs nègres ou arabes, et de ne pas comprendre le sentiment de défense instinctif des peuples qui veulent garder la dignité et la pureté de leur race devant cette veulerie.

Rosenberg lui aussi déplore ce manque de tenue raciale chez une si grande nation ; et nous prions ceux qui liront ces lignes de méditer sans parti pris ces paroles capitales et de les comparer à leur expérience journalière personnelle :

« Lorsque, au XVIIe et au XVIIIe siècle, la philosophie classique française attaqua et ruina à nouveau les dogmes de l'Église, elle était certes pleine de finesse et douée d'un esprit très vif — exemples : Rousseau et Voltaire — mais dépourvue de cette véritable noblesse de pensée qui distinguait les premiers chefs huguenots, les Condé, les Coligny, les Téligny.

« Cette extrême intelligence elle-même était, au fond, toute abstraite et loin de la vie pratique, de sorte que le 14 juillet 1789 porte la marque d'une grande faiblesse de caractère. La Révolution française qui, avec Coligny, était sincère et énergique, n'a été, en 1793, que sanguinaire, essentiellement stérile, parce qu'elle n'était pas soutenue par de grands caractères.

« Aussi ni parmi les Girondins ni parmi les Jacobins ne s'est-il trouvé aucun génie inspiré, mais seulement de petits bourgeois gonflés de leur importance, des démagogues vaniteux et ces hyènes des champs de bataille politiques qui détroussent les cadavres. De même que dans la Russie bolchéviste, la racaille où reparaissait l'élément tartare tuait ceux que leur haute taille, leur allure décidée rendaient suspects de « noblesse », de même la population jacobine brune envoyait à la guillotine quiconque était mince et blond.

« Pour parler du point de vue « *Historique des Races* », la défaite des huguenots et la Révocation de l'Édit de Nantes avaient, dans le royaume des Francs, sinon complètement brisé, du moins sérieusement atrophié la vigueur de la race. La France classique ne montre plus qu'intelligence sans noblesse, décadence de caractère que le peuple comprit d'instinct. Alors il s'associa avec la tourbe rapace pour écarter les derniers êtres supérieurs.

« Dès lors passa au premier plan, non plus le Celte et le Nordique, mais le type alpin croisé de méditerranéen.

« Le boutiquier, l'avocat, le spéculateur sont les maîtres de la vie publique : la « démocratie » commence, autrement dit le règne non du caractère, mais de l'argent. Peu importe que la France soit Empire ou République, parce qu'au point de vue de la race, l'homme du XIXe siècle ne fut pas un créateur. C'est pour cela également que le banquier juif se pousse au premier plan, puis le journaliste juif, puis le marxiste.

« C'est uniquement la tradition d'une histoire millénaire qui, jointe à l'action des influences inchangées de l'ambiance géographique, détermine encore les lignes directrices de la puissance politique française, mais tout cela se traduit par d'autres réactions que pendant la période qui va du XIVe au XVIe siècle.

« Quiconque en France pense encore noblement, s'est retiré des malpropres combinaisons de la politique, et vit en province, sur ses terres, dans un isolement conservateur. Les fils vont encore dans l'armée, mais uniquement au service de la patrie, et surtout dans la marine. À la fin du XIXe siècle encore, dans les bals de la marine, les assistants pouvaient faire cette surprenante constatation que, dans l'ensemble, les officiers étaient blonds.

« C'est en face de cette France nordique encore vigoureuse que s'est trouvé, en 1914, l'Empire d'Allemagne. Mais cette force réelle, ce n'étaient plus des personnalités de son sang qui la menaient, mais des Rothschild ou autres puissants financiers de même race, des gens comme Fallières, Millerand, et l'incapacité méridionale de nombreux chefs marxistes.

« Ainsi achève de se perdre aujourd'hui le dernier précieux sang de France. Des régions entières, dans le Sud, sont comme mortes et absorbent déjà, comme jadis Rome, les indigènes de l'Afrique du Nord. Marseille et Toulon ! ne cessent d'envoyer dans le pays de nouveaux germes d'abâtardissement. À Paris, autour de Notre-Dame, afflue une population en voie de décomposition croissante. Nègres et mulâtres circulent au bras de femmes blanches ! Un quartier purement juif s'élève avec de nouvelles synagogues ! De repoussants parvenus métis contaminent la race des femmes encore belles racialement qui sont attirées de toute la France vers Paris. Nous voyons ainsi se reproduire dans le présent ce qu'ont déjà connu Athènes, Rome et Persépolis.

« Voilà pourquoi une association avec la France, même en laissant de côté le point de vue politique ou militaire, est si dangereuse au point de vue maintien de la race. Ce qu'il nous faut ici proclamer, c'est bien plutôt : défense contre l'Afrique envahissante, fermeture des frontières par prophylaxie anthropologique, coalition européo-nordique pour purifier la terre ancestrale de l'Europe de ces germes maladifs qu'y répandent l'Afrique et la Palestine — et cela dans l'intérêt même des Français.

« L'histoire de la France est aujourd'hui terminée : peu importe qu'alternent au pouvoir un despotisme clérical ou une libre-pensée stupide, dans les deux cas manquera le grand élan créateur. La France sera donc en proie à une instinctive angoisse raciale, conséquence de cette honte de sa race qui ne quitte jamais l'homme produit d'un croisement, même s'il réussit à se faire tolérer. De là cette terreur tremblotante qui domine encore devant cette Allemagne que la France abattit avec l'aide de la terre entière, Allemagne qui a le devoir de suivre la courbe du destin de son peuple, pour rassembler toutes ses forces de résistances contre un sort semblable à celui des Français. »

Tel est le point de vue allemand sur la France d'après-guerre, et cette opinion est partagée par les nations scandinaves et anglo-américaines. Qu'y a-t-il de plus « raciste » qu'un citoyen des États-Unis qui ne tolère pas un noir ou un jaune dans son wagon ou dans son hôtel ? C'est en effet avec un sourire un peu apitoyé et singulièrement méprisant que les étrangers de passage à Paris suivent de l'œil les étudiantes du Quartier latin qui s'affichent le plus naturellement du monde avec des nègres et des métèques, et la parfaite égalité qui règne entre le Français de race et le « métis » leur donne une triste idée de cette nation. Les « saisons yeddish », grandes manifestations théâtrales organisées de concert avec le gouvernement, qui ont couvert les murs de Paris d'affiches en, caractères juifs et fait monter sur la scène française des acteurs parlant hébreu n'ont pu que confirmer ces visiteurs dans leur idée que la France est une e tonie judaïque...

Là-dessus est arrivé Léon Blum, envahissant les ministères de ses collaborateurs juifs. Le jugement de l'Allemagne sur cette demi-soviétisation à direction judaïque ne manque pas de saveur. Voici ce qu'en dit Goebbels :

« Dimitroff disait :

« Le parti communiste français montre à toutes les sections de l'Internationale communiste comment il faut réaliser la tactique du front commun. »

« Et le chef du parti communiste français Thorez, ajoutait :

« La victoire de la révolution ne vient jamais d'elle même. Il faut la préparer. Nous sommes décidés à suivre l'exemple des bolchéviks russes. Nous sommes pour la puissance soviétique. » (Compte rendu traduit du russe).

« Le parti communiste français s'est montré digne de l'éloge que Dimitroff lui a dispensé. Le nombre de ses membres passa de 87.000 en janvier 1936 à 100.000 en mars, 187.000 en juin et plus de 225.000 en août 1936, cependant que le nombre des associations militarisées des jeunesses communistes quadruplait. Le nombre d'électeurs, lui, bondissait de 790.000 à 1.500.000 dont un tiers d'augmentation rien que pour l'agglomération parisienne. Le nombre des députés montait de 10 à 73. Parallèlement le tirage de l'« *Humanité* » croissait de 154.000 en 1933 à 750.000 à certains moments de 1936. Rien que pour les élections législatives de cette année, la propagande socialiste distribua 27 millions d'imprimés. Après leur adhésion au Front populaire communiste, les syndicats, qui comprenaient 800.000 membres en mai de cette année, en comptaient 4.300.000 en août.

« La France s'est, elle aussi, engagée dans les voies du Front populaire espagnol. Le « Cheval de Troie » de Dimitroff est entré dans l'enceinte de Paris. »

Fleischhauer, dans sa circulaire de janvier 1938 précise les tendances des chefs français actuels :

« Le ministre français de la Marine, Campinchi, est un juif polonais né Kampinski et émigré en Corse. Il est l'ami intime du politicien juif Mandel-Rothschild, qui a failli jeter l'Europe dans une nouvelle guerre mondiale. Campinchi, qui appartient au parti radical-mardochaïste, est également membre de la « Ligue des Droits de l'Homme » (droit du juif) et membre de la « Ligue internationale contre l'antisémitisme. »

« Le sous-secrétaire d'État Léo Lagrange est également juif et membre de la « Ligue internationale contre l'antisémitisme. » Il appartient au parti mardochaïste.

« Le sous-secrétaire d'État Gaston Monnerville est demi nègre. Membre également de la Lica (Ligue internationale contre l'Antisémitisme). Inscrit à la Loge « La Prévoyance » dont il revêt le 30ᵉ grade. À peine âgé de quarante ans, ce demi nègre a donc une brillante carrière par devers lui.

« En France, continue Fleischhauer (mai 1938), la campagne communiste antinationale que seul, a pu faire naître et tolérer le « Front populaire » des juifs et de leurs créatures prend une importance chaque jour grandissante.

« En vue d'intensifier son action en Europe occidentale, le Politbureau, à Moscou, vient de créer un « Comité des Trois », ayant les pouvoirs les plus étendus. Voici quels sont ses membres : Rudolf Possovitzky, confident de Staline et de Ièchoff ; Wilhelm Ratner, communiste allemand, qui s'est concilié les faveurs de Staline en lui révélant, en octobre 1937, les détails d'une conspiration contre lui, et Stanislas Barsky, ancien chef de chancellerie du maître de la Tchéka, Djerzinsky.

« Ces trois personnages ont déjà quitté Moscou en mars et ont gagné Paris, via Bruxelles et Amsterdam. Aussitôt arrivés dans la capitale, ils ont conféré avec les représentants locaux du Komintern et se sont mis à l'œuvre. Le trio constitue actuellement le grand état-major révolutionnaire en France, chargé par Moscou de déchaîner un conflit dans ce pays jusqu'à la fin de la guerre d'Espagne.

« Le lieu de réunion du Comité directeur secret du parti communiste français est actuellement dans la banlieue Est de Paris, à Montreuil. On y a convoqué une assemblée de fonctionnaires et le parti communiste français s'est mis tout entier sous la tutelle des trois plénipotentiaires moscovites.

« Ceux-ci ont exigé sur le champ qu'on intensifie le travail révolutionnaire dans l'armée. Il a été procédé à la création de vingt et une nouvelles cellules communistes dans les sections motorisées de l'armée de terre et dans l'armée de l'air.

« Puis ces trois envoyés du Paradis ont ordonné que les listes d'officiers « sympathisants au fascisme » soient complétées. Les listes doivent être remises au dénommé Ramette, chef du service d'espionnage près le Comité central du parti communiste.

« Enfin, ils ont enjoint aux militants de stimuler au maximum l'esprit combatif des syndicats.

« Organisation de grèves partielles s'amplifiant en grèves générales, celles-ci dégénérant en guerre civile, par soulèvement révolutionnaire armée, telle est la tactique préconisée.

« Pour pouvoir procéder à l'exécution de ces vastes plans, les trois moscovites se sont adjoints quatre auxiliaires, lesquels ont également arrivés à Paris : Simon Epstein, ancien plénipotentiaire du Komintern en Chine, Ludwig Delti, ancien membre du Comité central du parti communiste français, qui a passé trois ans à Moscou pour se perfectionner dans la pratique de la propagande révolutionnaire. Andréï Iarichon, ancien chef de la section d'organisation du Profitern (Internationale professionnelle), et Wassilii Dogadoff, ami personnel de Ièchoff. »

Naturellement, dit Fleischhauer, un tel mouvement a besoin de fonds. C'est la Russie Judéo-marxiste qui va les fournir :

« Les membres du Komintern : Chmèral, Gottward et Walter, ont insisté pour qu'on mette à la disposition du parti communiste français les moyens lui permettant de prouver par des faits que la réorganisation récente du parti ainsi que les grandes possibilités financières en sa possession ont donné les résultats attendus et fait mûrir la situation.

« Trois millions de dollars, tirés d'un compte spécial à la disposition du Politbureau, seraient virés au nom de l'agent financier du Komintern à Paris, un certain Weisblat à titre de premier financement de l'action en France. »

Largement pourvue de fonds, tolérée et même favorisée par un gouvernement qui a rempli tous les services administratifs d'un nombre de juifs totalement hors de proportion avec celui des juifs résidant en France, même en y comprenant tous les « réfugiés », la juiverie pousse la France qui n'en peut mais à fraterniser avec la Russie et à faire la guerre à l'Allemagne.

L'impression générale dans le pays est que, lorsque les Blum, Mandel et consorts et la Ligue des Droits de l'Homme de MM. Bach et Kahn dénoncent l'Allemagne à tout propos et hors de propos comme l'État dangereux par excellence, ils agissent moins en ministres français qu'en juifs satisfaisant au moyen des forces françaises leurs rancunes juives.

En tout état de cause, c'est à un des « Maîtres du Mensonge » qu'il appartint de faire prendre à la France une des mesures les plus honteuses de son histoire. C'est en mars 1938, au cours du second passage de Léon Blum à la présidence du Conseil, qu'un décret-loi « dictatorial » — et clandestin a autorisé le transit en France des armes et des munitions destinées à l'Espagne rouge, décret que les ministres n'osèrent pas faire paraître à l'Officiel. Ce manque de bonne foi vis-à-vis de la nation de la part de ses élus est un fait unique et significatif. Charles X, signant les Ordonnances en 1830, bien qu'à peu près sûr de les voir provoquer sa chute, n'hésita pas à les faire paraître au « Moniteur. » Il appartenait à un juif de rompre pour la première fois avec cette élémentaire propreté.

....

À côté de la France enjuivée, la Tchécoslovaquie, elle aussi, donne asile et encouragement a tous les expulsés indésirables qui hurlent chaque jour contre l'Allemagne. Quoi d'étonnant à cela.

> « La feuille autrichienne « *Wechselschau* » (Hartberg), dans son édition du 28 octobre 1937, publie l'intéressante déclaration qui suit, citée d'après le quotidien hébreu « *Haboker* », paraissant en Palestine :
>
> « Toute entourée qu'elle soit par des États où règnent la haine et l'oppression à l'égard des autres nations ainsi que l'antisémitisme, la Tchécoslovaquie se dresse, tel un solide rocher, donnant au monde le spectacle d'un pays vraiment libre.

> « *Pour nous, Juifs, dans le désert de haine qu'est l'Europe, ce pays est une oasis bénie, un petit paradis où les juifs connaissent la joie de la liberté et de l'égalité des droits.* »

> « À quel point, en effet, les juifs considèrent la Tchécoslovaquie comme leur paradis, c'est ce que montre l'information suivante, venant de Marienbad :

> « Ici, au cours de la cérémonie funèbre organisée par la communauté religieuse juive, à la mémoire de feu le vieux président Masaryk, l'hymne Thécoslovaque a été chanté en hébreu. C'est le premier chantre Loewy, de Marienbad, qui s'était imposé la tâche de transposer le chant national du régime judéophile de Prague en langue hébraïque. »

Rien d'étonnant donc à ce que les juifs de France, le 21 mai 1938, aient résolu la mobilisation générale et la guerre pour cet état judéo-maçon, dont la constitution s'élabora au Grand Orient de France. Rien d'étonnant non plus à ce qu'en septembre 1938 ils aient mis à nouveau le monde à deux doigts de la tuerie, pour « sauver » cet état-frère… et juif.

....

Outre ces nations particulièrement favorisées par la présence du juif, il reste dans le monde entier une infinité de pays où il continue sans trêve ni repos sa campagne de dénigrement et de haine anti-allemande.

En Angleterre, la méthode employée est plus « boursière » que « chauvine. »

> « Si le maintien de l'Allemagne, dans son état actuel d'impuissance, n'a que très peu d'intérêt pour la politique anglaise, dit Hitler, il en a un très grand pour la finance juive internationale. La politique anglaise officielle ou, pour mieux dire, traditionnelle et les puissances boursières soumises complètement à l'influence juive poursuivent des buts opposés ; c'est ce que prouvent, avec une particulière évidence, les positions différentes que

prennent les uns et les autres sur les questions qui touchent à la politique étrangère de l'Angleterre. La finance juive désire, contrairement aux intérêts réels de l'État anglais, non seulement que l'Allemagne soit radicalement ruinée économiquement, mais encore qu'elle soit, politiquement, réduite complètement en esclavage.

« C'est ainsi que le juif est celui qui pousse le plus ardemment aujourd'hui à la destruction radicale de l'Allemagne. Tout ce qui, dans le monde entier, s'exprime contre l'Allemagne est écrit par des juifs, la presse des boursiers juifs et des marxistes a attisé systématiquement la haine contre l'Allemagne jusqu'à ce que les États aient, les uns après les autres, renoncé à la neutralité et, sacrifiant les vrais intérêts des peuples, soient entrés dans la coalition mondiale qui nous faisait la guerre.

« S'il est sûr que la juiverie a mis en œuvre toutes ses menées souterraines non seulement pour entretenir l'hostilité que les nations témoignent à l'Allemagne mais aussi pour l'exacerber autant que possible, il est non moins sûr que cette activité ne concorde que très partiellement avec les vrais intérêts des peuples qu'elle empoisonne. En général, la juiverie n'emploie auprès de chacun des peuples visés par sa propagande que les arguments propres à avoir le plus d'effet sur l'esprit de la nation travaillée par ses émissaires et dont elle connaît parfaitement les façons de voir, ceux dont elle peut se promettre le plus de succès.

« En Angleterre, elle met en jeu les intérêts économiques et les considérations de politique mondiale : bref, elle tire toujours profit de ce qui caractérise essentiellement la tournure d'esprit d'un peuple donné. C'est seulement lorsqu'elle a, par ces divers moyens, conquis une influence décisive sur l'économie et sur la politique qu'elle se libère des liens qu'imposaient à sa propagande ces arguments fictifs et qu'elle dévoile en partie ses buts cachés, ce qu'elle veut et ce pourquoi elle combat. Elle n'en procède qu'avec plus de rapidité à son œuvre de destruction, jusqu'à ce qu'elle ait transformé successivement tous les États en un champ de ruines sur lequel doit régner l'autorité souveraine de l'empire juif éternel.

« En Angleterre comme en Italie, le désaccord existant entre les conceptions d'une politique excellente enracinée dans le sol et les projets des financiers juifs internationaux est évident, et saute parfois brutalement aux yeux. »

« Avant et pendant la guerre mondiale, écrit Rosenberg, la Haute Finance Juive a déclaré que sa politique concordait avec celle de la Grande-Bretagne. L'Angleterre avait naguère conquis l'Afrique du Sud pour les diamantaires Juifs Lewis, Beith, Lewisohn, etc., elle avait donné aux grandes banques juives la suprématie dans toutes les transactions financières — Rothschild, Montague, Cassel, Lazard, etc., elle avait également monopolisé aux mains des Juifs le commerce de l'opium. Lord Reading — le Juif Isaac — négocia d'importants emprunts en Amérique du Nord et finalement, par la fameuse « Déclaration Balfour », l'Angleterre se chargea de la défense des intérêts juifs dans tous les pays...

« Cependant, bien que sous là coupe de la finance Juive, l'Angleterre conservatrice conserva assez d'indépendance pour oser combattre ouvertement le bolchevisme et le communisme. Le Judaïsme n'a pas tardé à répondre, non point ouvertement et en Angleterre, mais ailleurs. Cette réponse, c'est l'acharnement du bolchevisme mondial contre l'Angleterre, en second lieu le soutien par toute la presse juive de la Chine Méridionale contre les intérêts anglais, et troisièmement la convocation, à Bruxelles, en mars 1927, d'un soi-disant Congrès Anticolonial suivi d'une ruée de tous les peuples d'Orient, Hindous et Chinois. Cette action combinée, dont nous pouvons suivre quotidiennement les efforts dans la presse démocratico-bolcheviste, n'a pour but manifeste que d'amener l'Angleterre à des concessions de plus en plus étendues à la Juiverie, et à l'abandon du Japon, rebelle encore à la « Haute Finance. »

D'autre part, le Juif compte que l'Anglais sera son soldat :

« *The Jewish Chronicle* », le plus grand journal Juif de Grande-Bretagne, écrit, dans son éditorial du 22 Avril 1938, sous le titre « *The Pact with Italy* » (Le pacte avec l'Italie) les lignes suivantes sur ce sujet :

« *On doit saluer avec joie tout acte propre à calmer chez les nations pacifiques les craintes d'une guerre prématurée et à leur apporter les apaisements dont elles ont tant besoin.* »

« (Any step calculated to allay the fears of early war, and to bring much-needed relief to peaceful nations must be welcomed.)

« Le mot anglais *early* (prématuré) montre avec évidence combien la juiverie désire une guerre et y compte. Seulement elle ne veut pas que cette guerre éclate trop tôt. Il faut que les démocraties, chargées de tirer les marrons du feu pour Juda, aient le temps de bien aiguiser leurs armes. Ainsi, on comprend dès lors pourquoi, du point de vue juif, le traité anglo-italien marque une pause, un temps d'arrêt nécessaire, mais qui sera suivi d'une tempête, d'autant plus violente qu'elle aura été retardée à bon escient. »

De là, peut-être, la fureur d'armement du Ministre de la guerre, le Juif Hore-Belisha.

Au Japon, même action du Juif.

« Depuis la fin de la guerre Mondiale, et la victoire presque complète de la finance capitaliste presque entièrement Juive, la politique des possesseurs de capitaux tend indéniablement à le mettre sous le contrôle de la Finance. C'est pourquoi la Conférence de Washington en 1921 l'obligea à restituer ses conquêtes de 1914 et celles de la guerre russo-japonaise, et lui fit interrompre ses constructions navales. »

Et à ce texte de Rosenberg, Hitler ajoute :

« Or, le Juif sait trop bien que, s'il a pu, en s'adaptant pendant mille ans aux circonstances extérieures, saper par la base les peuples d'Europe et en faire des métis qui n'appartiennent plus à aucune espèce définie, il n'est pas à même de faire subir le même sort à un État national asiatique tel que le Japon. Il peut aujourd'hui singer l'Anglais, l'Américain et le Français, mais il ne peut combler le gouffre qui le sépare d'un jaune d'Asie. C'est pourquoi il tente de briser l'État national japonais avec l'aide d'autres États de même sorte, pour se débarrasser d'un adversaire dangereux, afin que ce qui subsistera d'autorité gouvernementale devienne, dans ses mains, un pouvoir régnant despotiquement sur des êtres sans défense.

« Il redoute la présence d'un État national japonais dans son royaume juif de mille ans et désire que la ruine de cet État précède l'établissement de sa propre dictature.

« Voilà pourquoi il ameute aujourd'hui les peuples contre le Japon, comme il le faisait précédemment contre l'Allemagne, et il pourra arriver qu'au moment où la dictature anglaise continuera à se reposer sur l'alliance avec le Japon, la presse juive de langue anglaise prêchera la lutte contre cet allié et préparera contre lui une guerre d'extermination, au nom des principes démocratiques et en poussant le cri de ralliement :

« À bas le militarisme et l'impérialisme japonais ! »

....

Après le Japon, c'est logiquement la grande « Démocratie » américaine que vont convoiter les Juifs.

« Le Juif, dit Hitler constate que les États européens sont déjà dans sa main des instruments passifs, qu'il les domine par le détour de ce qu'on appelle la démocratie occidentale ou bien directement par le bolchevisme russe ; mais il ne lui suffit pas de tenir l'Ancien Monde dans ses rets ; le même sort menace le Nouveau Monde. Les Juifs sont les maîtres des puissances financières des États-Unis. Chaque année, les forces productrices d'un peuple de cent vingt millions d'âmes passent un peu plus sous leur contrôle ; ils sont très peu nombreux ceux qui, à la grande colère des Juifs, restent encore absolument indépendants.

« Avec une perfide habileté, ils pétrissent l'opinion publique et en font l'instrument de leur grandeur future.

« Les meilleurs cerveaux de la juiverie croient déjà voir approcher le moment où sera réalisé le mot d'ordre donné par l'Ancien Testament et suivant lequel Israël dévorera les autres peuples. »

Fleischhauer a fait de l'autre côté de l'eau une fructueuse moisson de documents :

« *New-York :* Dans les cercles juifs, circule avec persistance le bruit selon lequel le Kahal exigerait de la République française, que Léon Blum soit nommé ambassadeur aux États-Unis.

« *Paris :* Ici l'on parle avec empressement du Juif Léon Blum, si compétent en matière de propagande, comme ambassadeur pour l'Amérique du Nord.

« *Genève :* Deux grands Juifs de France faisaient récemment la comparaison entre le rôle que Léon Blum est appelé à jouer dans l'Amérique du Nord, et celui qu'Isvolski eut à remplir à Paris avant la guerre mondiale (guerre d'argent) de 1914.

« *New-York :* Le *New-York Times* du 20 Août 1931, donne une liste de 834 candidats aux fonctions judiciaires ayant passé avec succès leur examen à Albany (siège du gouvernement de l'État de New-York, président : Juif Lehmann).

« Dans nos archives les noms juifs, soulignés en rouge, sautent immédiatement aux yeux. Il n'y a presque que du rouge. C'est un pullulement de Cohen (16 fois), Komposthaufen, Perlzweig, Perlstein, Rothblatt, Pollack, Pressmann, Goldberg, Goldstein, Himmelfarb, Katz, Kaplan, Kahauer, Moses, Moskowitz, Mutterperl, Schlamm, Schochet, Schapiro, Silverstein, Nochel, Nadelmann, Needelman. Quant aux Lévis, sous quelque déguisement qu'ils soient

(Lévi, Louis, Leo, Leopold, Loewenstein), il faut renoncer à les compter.

Monsieur La Guardia, le Maire Juif de New-York, saura à qui s'adresser pour ses procès.

« *Philadelphie* : *Christian Free Press*, 19 Février 1938.

« À une réunion anti-communiste qui a eu lieu récemment à Philadelphie, on a révélé des plans qui devraient donner à réfléchir à tout Américain. Les voici : « Le Juif Léon Trotzky, l'instigateur de la sanglante révolution bolcheviste en Russie, a armé 500.000 Mexicains qui sont prêts à faire irruption de la frontière, ils mettraient à profit le *Modus vivendi* qui règle, dans cette région frontalière, le passage libre dans les deux sens des journaliers agricoles qui viennent procéder aux travaux des champs et à la cueillette des fruits. Le C.I.O. (syndicat communiste), très fort sur la côte du Pacifique, aidera Trotzky à « nettoyer » la Californie des Américains blancs. En outre, Trotzky sera soutenu financièrement par le directeur du « Comité juif américain de New-York », qui est en même temps chef de la firme Kuhn, Loeb et Cie. »

Un des orateurs a fait la déclaration suivante :

« *À mon avis, San Francisco sera le Madrid de la côte Ouest, quand les troubles éclateront, et ils éclateront dans un avenir très proche, parce que cela doit être. Ainsi le veut la juiverie.*

« Tandis que j'étais sur la côte ouest, la presse juive essaya de toutes ses forces de créer l'atmosphère favorable pour une guerre contre le Japon. Si les Juifs y réussissent, les États-Unis seront bolchevisés à bref délai. Et un régime de violence et de terreur s'instaurera, auprès duquel celui même qui sévit en Russie ne sera que de la petite bière. Un frisson glacé m'en court le long de l'échine quand j'y pense... »

« *New-York :* L'amiral en chef de la flotte américaine sur l'Océan Pacifique, Arthur Hepburn a résigné ses fonctions. Son successeur est l'amiral Klod Bloch. Bloch, né en 1877, est Juif. C'est le premier amiral Juif des États-Unis.

« *New-York* : Le *New-York Sun*, du 15 Avril 1938, annonce la nomination par le président Roosevelt, de A. Steinhardt, ancien ambassadeur des États-Unis en Suède, au poste d'Ambassadeur au Pérou. A. Steinhardt, Juif, est le neveu du fameux Samuel Untermeyer, le partisan acharné du boycott contre l'Allemagne nationale-socialiste.

« Le nouvel ambassadeur a pour mission de gagner l'Amérique latine et tout particulièrement le Pérou, à la politique des démocraties. En effet, ce n'est pas sans une inquiétude croissante qu'on a vu, aux États-Unis, se colorer d'une amitié toujours plus marquée les relations entre le Pérou et l'Italie fasciste d'une part et avec l'Allemagne nationale-socialiste, d'autre part et le Pérou devenir le premier fournisseur en matières premières de ces pays.

« L'intérêt des Juifs, qui complotent une nouvelle déflagration générale, est donc bien de brouiller les cartes de ce côté aussi et d'empêcher le gouvernement péruvien d'envoyer des matières premières aux pays à régime autoritaire. »

....

Voyons maintenant rapidement l'action du Juif dans le reste de l'univers.

Brésil. Selon Goebbels :

« Marquès, le représentant du Brésil, déclarait en Juillet 1935 au VIIe Congrès mondial :

« Le pays s'avance à grands pas vers la lutte décisive qui entraînera l'effondrement du gouvernement… et l'installation d'un gouvernement national-révolutionnaire. »

« Trois mois plus tard éclatait à Natal et à Recife un soulèvement communiste qui laissa sur le carreau 150 morts et 400 blessés. Et Luis Carlos Prestes, le Juif Ewert ainsi que l' « envoyé extraordinaire et ministre plénipotentiaire » soviétique à Montevideo, l'ancien marchand de peaux juif Minkin, étaient démasqués comme agents de « l'Allianz. »

« *Irlande.* Le livre fameux de Léon Blum « *Du mariage* »,

qui parut également en langue anglaise en Avril 1937, est, selon les propres termes de l'arrêté administratif, « interdit sur le « territoire de l'État libre d'Irlande, à cause de « ses tendances immorales. »

« On sait que l'élucubration intellectuello-bolchevique, anarchisto-sexuelle du juif Léon Blum a été, même sur territoire français, à Ajaccio, en 1937, l'objet d'un arrêté d'interdiction.

« *Sud Afrique :* Un correspondant de *Fleischhauer* au Cap écrit : « Je vous en prie, avertissez tous les parents aryens, afin qu'ils interdisent à leurs enfants la fréquentation des « Popeye Clubs » pour les garçons et des « Shirley Temple Clubs » pour les filles. Voilà plusieurs mois que ces clubs pour enfants ont été « fondées avec la coopération du Juif Schesinger, vrai souverain de l'Afrique du Sud, à réputation peu reluisante.

« Dans ces clubs, on retient d'une manière toute juive les petits innocents par des projections cinématographiques, des friandises et des jouets. Le vrai but est d'élever ces cerveaux ingénus dans les idées communistes. Ainsi par exemple, signe extérieur, le salut en vigueur est celui du poing levé chez ce petit monde. C'est de cette manière que la juiverie sud-africaine effectue ses travaux de sape et essaye d'asseoir sa domination.

« *Mexique :* De Paris : Ce n'est nullement une plaisanterie mais un fait réel. Peu avant la clôture de l'Exposition Internationale de Paris, le pavillon mexicain a été terminé sans encombres et inauguré. Il ne présentait rien d'autre qu'un pastiche retouché du pavillon soviétique. À l'entrée se dressaient deux figures, brandissant fort agressivement et dans un esprit de conquête évident les emblèmes soviétiques, faucille et marteau. L'une d'elles *avait la jambe du pantalon relevée* à la manière maçonnique comme il est de rigueur dans les loges, lors de la réception d'un nouveau frère.

« Les F… bolcheviks du Mexique auraient-ils fini leur pavillon à temps, qu'ils auraient rendu un meilleur service à leurs commanditaires, les Juifs avides d'hégémonie universelle.

« Qu'il soit dit aux patriotes mexicains que le grotesque a ouvert bien des yeux sur ce qu'Israël cherche actuellement à atteindre, au Mexique aussi ? »

Toujours au Mexique :

« Ainsi que le rapporte le *« Jüdische Presszentrale »* (Centre de Presse juive), N° 986, la revue mensuelle *« Jewish Forum »* (Forum Juif) réunit des signatures sur une pétition destinée au président Roosevelt. Le président est invité par cette pétition à faire valoir son influence auprès du gouvernement mexicain pour la création d'un état juif à administration autonome, en Californie méridionale. Ce royaume juif serait rattaché au Mexique, déjà à demi bolchevisé.

« *Roumanie :* De Bucarest : « Le patriarche Myron Cristea, chef suprême de l'Église orthodoxe grecque de Roumanie, comprend clairement le danger mondial juif. Voici entre autres, ses propres termes : « Les Hébreux ont provoqué une épidémie de maux sociaux et de corruption. Ils ont le monopole de la Presse, qui constamment, avec l'appui de l'étranger, profane tous les trésors spirituels de la Roumanie.

« On pourrait verser des larmes de commisération sur la pauvre Roumanie, que les Juifs sucent jusqu'à la moelle. *Nous défendre contre les Juifs est un devoir national et patriotique.* Pourquoi les Juifs doivent-ils jouir du privilège de vivre en parasites sur notre dos ? Pourquoi ne devons-nous pas nous débarrasser de ces parasites qui sucent le sang roumain et chrétien ? *Il est logique et d'un devoir sacré de nous soulever contre les Juifs.*

« Telle est la proclamation de guerre du vaillant patriarche aux Juifs. Rien moins. En clarté, et en netteté, elle ne laisse rien à désirer.

« Puisse le nouveau gouvernement roumain réussir à délivrer le pays des Juifs ! »

« *Italie :* Ce pays ayant suivi l'Allemagne dans la voix du racisme, nous préférons ne pas lui emprunter d'exemples qui pourraient être repoussés comme tendancieux. Notons toutefois que, là encore, le Juif n'a eu que ce qu'il méritait et que les actes du Gouvernement Fasciste furent, eux aussi, des actes de défense réclamés par la Nation. C'est ce qu'avant toute mesure antisémite soulignaient les étudiants de Bologne dans leur plainte au Recteur de leur Université. Nous ne citerons que cette protestation entre mille, comme symptomatique :

Voici le texte :

« Le mécontentement règne parmi les étudiants italiens à l'égard des étrangers juifs, car on a fait souvent l'expérience que, plusieurs de ces derniers paient d'une reconnaissance équivoque en noircissant l'Italie, la générosité de ce pays qui les a accueillis en amis et leur a accordé toutes sortes de facilités.

Suisse : M. Servettaz, éditeur diffamé par le Juif Willy Haymann dans l'« *Israelitiches Wochenblatt* » de Zurich, l'a cité en justice et adresse un appel à la lutte antijuive, au nom du Comité Suisse de Salut Public dont il est président :

« Dans le mémoire de l'accusé juif, non seulement les « *Protocoles des Sages de Sion* » sont qualifiés de « faux », mais aussi le « *Talmud* », la *lettre du rabbin d'Arles* (1489), la légende de la « *Fontaine de l'Ogre* » à Berne, (1287), commémorant un meurtre rituel, un « document irréfutable sur le Congrès Mondial Juif » de Genève en 1934, et dix autres faits patents et établis. L'envoi des Juifs à Madagascar, au Biro-Bidjan, ou ailleurs est considéré comme une provocation, de même que les affirmations concernant les massacres des chrétiens en Russie, en Espagne, au Mexique, etc..., de même que la prédominance d'éléments juifs dans les révolutions communistes et les guerres capitalistes ou marxistes.

« En un mot, les Juifs contestent tout selon la méthode bien

connue qui consiste à prêter ses défauts au voisin et à crier
« Au voleur ! » quand on est pris la main dans la poche
d'autrui.

« Vous, Suisses, héritiers de ceux qui n'ont adopté des Juifs
comme citoyens que sous la pression de gouvernements
étrangers il y a moins de cent ans ;

« Et vous, Étrangers antijuifs, qui savez par expérience que le
Juif de partout est votre adversaire, comme il fut toujours
celui de tous les peuples, comme il sera éternellement celui
de Dieu.

« Ne permettez pas que les Juifs prennent à Zurich la revanche
escomptée : ne contribuez pas, par votre apathie, à un
semblant même de triomphe. La moindre défaillance de
votre part serait bruyamment célébrée et exploitée.

« Pour conserver les libertés et les droits de l'antisémitisme
en Suisse, terre d'élection mais aussi foyer mondial de
contamination hébraïque et révolutionnaire, aidez-nous
dans notre action ! »

De Suisse encore cette question bien indiscrète :

« Léon Blum, le chef du cabinet de Front populaire,
maintenant démissionnaire, avait la prétention d'infliger
au peuple français des charges fiscales toujours accrues. Et
il se plaignait amèrement devant le Sénat et la Chambre
des fuites du capital, qui s'élevaient jusqu'à un total
de 80 milliards de francs, somme dont l'État était ainsi
frustré dans un moment où il en avait si grand besoin.
Est-il besoin de rappeler que le leader des Gauches avait
donné lui-même l'exemple ? Sans cela, il n'aurait pas été un
bon Juif ni un bon marxiste. Voici ce que le journal suisse
« *Schweizerische Handelszeitung* » écrit à ce propos dans
son numéro 14-1938 :

« Ne conviendrait-il pas au cours de ces débats qu'un député
ou qu'un sénateur posât à M. le Président du Conseil une
simple question ? À savoir, si oui ou non, celui-ci n'a pas,
par personne interposée, acquis pour le moins trois maisons de

rapport de première classe à Lausanne, maisons dont les loyers doivent lui être remis en main propre à Paris ? »

Toujours en Suisse :

« À Zurich, environ 60 familles portant le nom de Guggenbühl ont, selon le « *Grossdeutscher Pressedienst* » N° 13-1938, pris la décision de déposer une plainte en protestation contre le commerçant juif Guggenheim pour avoir obtenu récemment du gouvernement d'Aarau le droit de changer son nom de famille en Guggenbühl. Si ce juif ne renonce pas de bon gré à son changement d'état-civil, tous les Guggenbühl de la ville déposeront une plainte collective en usurpation d'identité.

« Que le Juif reste donc Juif ! »

Encore la Suisse

« Paul Boncour, ministre français, a reçu une lettre du Bureau international des Réfugiés, à Paris, par laquelle il est informé que la Suisse et la Tchécoslovaquie ont fermé leurs frontières aux Juifs fugitifs d'Autriche, et *il est invité à agir sur les gouvernements des deux pays susdits, pour que ces mesures soient rapportées.* Des lettres de teneur analogue ont été adressées au président de la République tchécoslovaque et au Conseil Fédéral Suisse. »

....

Hola !... Ne semblait-il pas, à n'écouter que les Juifs et leurs amis, que l'Allemagne, nation ombrageuse, était seule à s'émouvoir — bien à tort, n'est-ce pas ? — du péril Juif et des menées Juives ?

Comment se fait-il que, de tous les coins de la terre, une même marée d'inquiétude et de dégoût s'élève contre la Juiverie bolchevique. Quel empêcheur de danser en rond, ce *Fleischhauer* qui, jour par jour, pointe les méfaits du Juif dans le monde entier !

Mais alors... le point de vue allemand serait-il juste, par hasard ?

V

LE RACISME
CONSÉQUENCE DES ABUS JUIFS

Hé bien, oui, l'Allemagne est raciste, si l'on appelle ainsi le désir légitime d'être maître chez soi et d'éliminer les indésirables, et l'Italie vient de la suivre dans cette voie.

Et ce Racisme n'est pas le fruit d'une décision prise par amour de l'idéologie, pour faire cadrer la réalité avec des théories plus ou moins abstraites : ce Racisme est un acte de défense nécessaire contre le Juif.

L'Allemagne est simplement la première en date parmi les Nations à réclamer son indépendance de ce joug boursier, financier, marxiste et destructeur que le Judaïsme fait peser sur le monde.

Qu'est-ce que ce Racisme que chacun reproche à l'Allemagne, sans savoir le plus souvent ce qu'elle entend par là ? Écoutons Hitler, et nous l'apprendrons.

> « En négligeant le problème que posait le maintien des fondements de la race à laquelle appartient notre peuple, l'ancien Reich méprisait le seul droit qu'un peuple a de vivre en ce monde. Les peuples qui se métissent ou se laissent métisser pèchent contre la volonté de l'éternelle Providence

et leur chute, amenée par un plus fort qu'eux, n'est pas imméritée : ce n'est pas une injustice qu'on leur fait, c'est au contraire le rétablissement du droit. Quand un peuple n'attache plus de prix aux caractères spécifiques de son être, qui lui ont été donnés par la nature et prennent leurs racines dans son sang, il n'a plus le droit de se plaindre de la perte de son existence terrestre.

« Si l'on confronte cette unique question avec tous les autres problèmes de la vie, on s'aperçoit alors combien ces derniers ont peu d'importance mesurés à cet étalon. Ils sont tous bornés dans le temps ; la question du maintien ou de la perte de la pureté du sang existera tans qu'il y aura des hommes.

« Tous les cas de décadence de quelque importance, antérieurs à la guerre, se ramènent en dernière analyse à une question de race.

« Qu'il s'agisse de questions de droit général ou de monstruosités de la vie économique, de phénomènes de décadence d'une civilisation ou de dégénérescence politique, de la faillite de l'instruction scolaire ou de la mauvaise influence qu'exerce la presse sur les adultes, le mal vient toujours et partout, si l'on va au fond des choses, de ce que l'on n'a pas tenu compte de la race à laquelle appartient le peuple en question ou pas aperçu le danger que faisait courir à la race un peuple étranger.

« C'est pourquoi toutes les tentatives de réforme, toutes les œuvres d'assistance sociale, toutes les mesures politiques, tout progrès économique et tout accroissement apparent des connaissances de l'esprit n'ont eu aucune conséquence importante.

« La conception « raciste » fait place à la valeur des diverses races primitives de l'humanité. En principe, elle ne voit dans l'État qu'un but qui est le maintien de l'existence des races humaines. Elle ne croit nullement à leur égalité, mais reconnaît au contraire et leur diversité, et leur valeur plus ou moins élevée. Cette connaissance lui confère l'obligation, suivant la volonté éternelle qui gouverne ce monde, de favoriser la victoire du meilleur et du plus fort, d'exiger la subordination des mauvais et des faibles. Elle rend ainsi hommage au principe aristocratique de la nature et croit en la valeur de cette loi jusqu'au dernier degré de l'échelle des êtres. Elle voit non seulement la différence de valeur des races, mais aussi la diversité des valeurs des individus. De la masse se dévoile pour elle la valeur de la personne, et par cela elle agit comme une puissance organisatrice en présence du marxisme destructeur. Elle croit nécessaire de donner un idéal à l'humanité, car cela lui paraît constituer la condition première pour l'existence de cette humanité. Mais elle ne peut reconnaître le droit d'existence à une éthique quelconque, quand celle-ci présente un danger pour la survie de la race qui défend une éthique plus haute ; car, dans un monde métissé et envahi par la descendance de nègres, toutes les conceptions humaines de beauté et de noblesse, de même que toutes les espérances en un avenir idéal de notre humanité, seraient perdues à jamais.

« La culture et la civilisation humaines sont sur ce continent indissolublement liées à l'existence de l'Aryen. Sa disparition ou son amoindrissement feraient descendre sur cette terre les voiles sombres d'une époque de barbarie.

« Mais saper l'existence de la civilisation humaine en exterminant ceux qui la détiennent, apparaît comme le plus exécrable des crimes. Celui qui ose porter la main sur la propre image du Seigneur dans sa forme la plus haute, injurie le Créateur et aide à faire perdre le paradis.

« La conception raciste répond à la volonté la plus profonde de la nature, quand elle rétablit ce libre jeu des forces qui doit amener le progrès par la sélection. Un jour, ainsi, une humanité meilleure, ayant conquis ce monde, verra s'ouvrir librement à elle tous les domaines de l'activité.

« Nous sentons tous que, dans un avenir éloigné, les hommes rencontreront des problèmes que seul pourra être appelé à résoudre un maître-peuple de la plus haute race, disposant de tous les moyens et de toutes les ressources du monde entier.

« Il faut donc assurer à la conception raciste un instrument de combat, de même que l'organisation de parti marxiste fait le champ libre pour l'internationalisme.

« Cet « instrument de combat », ce n'est pas seulement l'antisémitisme, mais toutes les mesures destinées à éliminer de la Race Allemande, les Juifs, Nègres, Syriens, Kabyles et autres Bédouins.

« Le jeune Juif aux cheveux noirs épie, pendant des heures, le visage illuminé d'une joie satanique, la jeune fille inconsciente du danger qu'il souille de son sang et ravit ainsi au peuple dont elle sort. Par tous les moyens il cherche à ruiner les bases sur lesquelles repose la race du peuple qu'il veut subjuguer. De même qu'il corrompt systématiquement les femmes et les jeunes filles, il ne craint pas d'abattre dans de grandes proportions les barrières que le sang met entre les autres peuples. Ce furent et ce sont encore des Juifs qui ont amené le nègre sur le Rhin, toujours avec la même pensée secrète et le même but évident : détruire, par l'abâtardissement résultant du métissage, cette race blanche qu'ils haïssent, la faire choir du haut niveau de civilisation et d'organisation politique auquel elle s'est élevée, et devenir ses maîtres.

« Car un peuple de race pure et qui a conscience de ce que vaut son sang ne pourra jamais être subjugué par le juif ; celui-ci ne pourra être éternellement en ce monde que le maître des métis. »

« Grâce aux harangues humanitaires, proclame Rosenberg, et à la doctrine de l'égalité des hommes, n'importe quel Juif, Nègre ou Mulâtre a pu devenir citoyen d'un État Européen avec tous les droits attachés à ce titre. Grâce aux scrupules humanitaires, les pays Européens regorgent de luxueux établissements pour les fous et les incurables. Grâce à l'idée d'humanité le criminel récidiviste est considéré comme un malheureux que l'on relâche dans la société à la première occasion sans tenir compte des intérêts de l'ensemble du peuple. »

Ce sont tous ces gens-là, et non spécialement les Juifs, que le Racisme désire éliminer, et les lois antisémites ne sont qu'une partie de cet effort d'exclusion des indésirables.

Au reste, qui est plus raciste que le Juif, quel peuple conserve plus intacts sa race et son sang ? Et pourquoi reproche-t-il à l'Allemagne un sentiment qui est le guide de sa conduite depuis des siècles ?

Le Juif n'a qu'à retourner en Palestine, où l'appellent les Sionistes. Là il s'ébattra en liberté dans son milieu asiatique et marxiste. Cet État Juif, selon le Juif Höflich, combattra « dans les rangs des peuples panasiatiques qui s'éveillent. Des flammes du buisson ardent et des nuits solitaires ne monte pour nous qu'un appel : l' « Asie » ! Le Juif Holitscher a fait à Moscou un parallèle intime entre Moscou et Sion, et le Juif F. Kohn déclare que l'esprit des patriarches se perpétue jusqu'à Karl Marx, à Rosa Luxembourg et à tous les bolchevistes juifs qui ont servi « la cause de la Liberté ! »

Alors ?... Nous sommes tous d'accord. Chacun chez soi et tout ira bien. L'Allemand en Allemagne, le Juif en Palestine ou chez ceux qui en voudront. Tant pis si, par une conséquence logique, l'arrivée des Juifs à Jérusalem a été le signal d'un déchaînement d'émeutes et de massacres qui donne du souci à leurs amis anglais.

Hitler, en Septembre 1935, réunissant les Allemands sur le Pré-Zeppelin à Nuremberg, a promulgué des Lois immédiatement qualifiées par la presse Juive étrangère de lois d'exception, lois scélérates, etc., etc... et qui n'étaient que la codification d'un désir unanime des Allemands.

Le mariage et les simples relations sexuelles sont à l'avenir interdites entre Juifs, Juives et les personnes allemandes ou apparentées à la race allemande, sous peine de 10 ans de prison.

Les mariages mixtes faits à l'étranger pour tourner la loi allemande sont nuls et entraîneront des poursuites.

Les Juifs ne sont pas citoyens allemands, ils sont une minorité à laquelle l'Allemagne fixe son statut et ils encourent des peines s'ils arborent le drapeau à la croix gammée.

Voici le fond de ces fameuses « Lois de Nuremberg » qui firent tant couler d'encre. Elles sont l'expression du droit du Peuple Allemand à disposer de soi-même, droit aussi respectable que celui des Juifs Sionistes de Jérusalem.

> « Il va de soi, commente Rosenberg, que les Juifs doivent perdre le droit de citoyen et être soumis à une législation particulière et appropriée. *Le droit de cité ne se trouve vas dans le berceau, il faut le conquérir. Seuls l'accomplissement du devoir et les services rendus à l'honneur du peuple méritent à l'homme le privilège de se voir conférer solennellement ce droit. Ce n'est que quand on a fait des sacrifices pour un bien qu'on est prêt à combattre pour lui...* »

Logiquement, Darré, Ministre de l'Agriculture, distingue le « Paysan Allemand » ou « *Bauer* », capable de posséder la terre et de constituer un bien de famille pour ses enfants, du « travailleur de la terre » ou « *Landswirt* » non-allemand, qui ne peut que louer la terre, sans jamais en devenir le maître. La terre allemande tout comme l'honneur allemand sont également interdits aux métèques.

> « *Le Nouveau Reich,* déclare Rosenberg, *demande à tout Allemand prenant part à la vie publique non de prêter serment à une forme de gouvernement (comme cela se fait en France notamment), mais de jurer de reconnaître partout, selon ses moyens et ses forces, l'honneur national allemand comme la règle suprême de sa conduite, et de lutter pour lui. Un fonctionnaire, bourgmestre, évêque, surintendant, etc., etc... est-il incapable de prêter ce serment, il perd* ipso-facto *tout droit à un poste officiel. Ce droit même de citoyen que chacun recevait en présent autrefois à vingt-et-un ans, il faut le conquérir par sa conduite dans les établissements d'éducation, au service militaire et dans la vie de chaque jour. Un Allemand qui manque à l'honneur de la Nation perd logiquement sa faculté d'obtenir du peuple allemand un droit quelconque.* »

Cela élimine automatiquement le Juif, dira-t-on ?

Parfaitement d'accord, mais on ne refait pas un homme sain en laissant se développer des foyers d'infection, on ne redresse un État abattu qu'en pratiquant une sélection. Les suites de la défaite militaire et de la révolution sociale ne comportaient que deux chemins : l'abdication ou le renouveau. C'est ce dernier que l'Allemagne a choisi.

Si l'on nous permet une comparaison quelque peu triviale, il est curieux que le Monde entier qui recherche la sélection et cultive le « pur-sang » lorsqu'il s'agit d'élever des chiens ou des chevaux de race se refuse d'appliquer cette même méthode confirmée par l'expérience au groupe humain. Et quel groupe avait plus besoin d'élites morales et physiques, « raciales » pour tout dire, que l'Allemagne au sortir d'une guerre désastreuse et d'un bouleversement marxiste ? Si les vainqueurs et les peuples stables dans leur prospérité peuvent tolérer la présence d'éléments nocifs qui ne nuisent momentanément que peu à leur force, les peuples affaiblis ne reconquièrent leur puissance que par la voie d'une rigoureuse épuration.

Autodéfense, ce mot que nous citions au début de cette étude est la clef de la « croisade » allemande contre le Juif, le nègre, le « *sidi* », le syrien et autres sangs dont l'apport ne pourrait qu'abâtardir l'Allemagne.

La jeunesse du IIIe Reich, comme Siegfried dans la Forêt, s'efforce victorieusement par le retour à la terre, par le contact personnel et profond avec le sol natal, de se refaire corps et âme. Ce n'est pas seulement pour leur santé physique que les citadins, les étudiants, les ouvriers, les « intellectuels » sont obligés, par le « Service du Travail », de venir se retremper dans les grands courants de santé qui se dégagent des forêts, des torrents, des montagnes aux horizons sans limites. La nouvelle vénération dont les jeunes Allemands, à l'exemple de leurs ancêtres germains et nordiques, entourent les Grandes Forces de la Nature, le Vent, l'Arbre, les Eaux courantes n'est pas un « sport » où des athlètes parfois aussi abrutis que spécialisés pourchassent les primes et les cinquièmes de seconde, c'est un éveil, un élan vers le beau, le vrai, l'orgueil de l'homme enfin libre sous le ciel libre... et l'on voudrait mêler le boursier Juif à tout cela ?...

Siegmund a légué son épée rompue à son fils la confiant à la garde de la Walkure, cette vestale germanique de l'Honneur et du Devoir.

Le jour où le jeune Siegfried en reçoit les tronçons, il se trouve aussi, dans les ombres du Monde souterrain, des gnomes aux doigts croches pour lui conseiller d'en rajuster les morceaux au petit bonheur. Mais écartant les nains « *Maîtres du Mensonge et Princes des Ténèbres* », le héros part dans la forêt abattre le frêne géant qui allumera le feu de sa forge. Dans la caverne de Niebelung, il peine et souffre, s'épuisant en efforts prodigieux, malgré les clameurs de réprobation de Mime le Fourbe, pour limer le glaive brisé, et c'est alors seulement qu'il entreprend de reforger l'Épée. L'ancien glaive de Siegmund s'est brisé un jour de Détresse, — le nouveau glaive portera ce même nom « *Nothung* » — « Détresse » — tel il a besoin de passer par l'épreuve du feu, et le jeune Germain plonge son acier allemand au cœur du feu de forge.

Alors s'élève, pivot de la tragédie Wagnérienne, le majestueux Chant de l'Épée. Tandis que le Héros pendu des deux mains au soufflet de forge déchaîne la tempête dans le brasier, l'acier entre en fusion, et à sa surface montent les scories, les crasses et les souillures, cependant que Siegfried chante à pleine gorge, dans la fierté de sa force et la pureté de sa jeunesse, l'Épée qui naît.

Bientôt, toujours chantant et joyeux, il va forger de son bras puissant le lingot d'acier rouge-blanc. À quinze cents ans d'intervalle, les forgerons allemands chantent aujourd'hui les couleurs du drapeau :

« *Noir est le Charbon*
« *Blanc est l'Amour*
« *Rouge rougeoie l'Acier en fusion...* »

Et Siegfried le Preux forge, martelant à pleine force l'Épée sur l'enclume, tandis qu'à chaque gerbe d'étincelles refluent vers les ténèbres dont ils sont sortis les gnomes aux mains avides, « gardiens des trésors », Mime le Menteur et Albéric le Noir, jusqu'à ce qu'il se dresse enfin, debout dans l'orgueil de sa foi et de ses seize ans, dressant vers le ciel l'arme nouvelle qui le fait l'égal des autres Héros, l'Épée Vierge forgée de sa main.

Pour l'Allemagne Nationale-Socialiste, le Mythe de Siegfried a pris une signification profonde. Elle aussi, née dans la Détresse, a repris en main les tronçons du glaive, et à l'image du Héros de sa légende, elle n'a pas cherché à les rajuster en quelque assemblage précaire. Pour redonner de la « race » au métal, elle l'a plongé au cœur de la fournaise, et la crasse Juive s'est mise à bouillonner, tandis que les gnomes Juifs, terrifiés, refluaient hors de la vie et du sol allemands. Aujourd'hui, devant le Monde ébloui par le Feu et alerté par le Chant de la Forge, la jeune Allemagne redevenue l'égale des forts brandit à la face de tous l'arme qu'elle a forgée au prix de tant de sacrifices et réclame le respect et l'égalité parmi les Nations.

Qui n'a point vu les jeunesses du Reich suivre, haletantes d'émotion, le symbole wagnérien, tandis que le Héros chante sur la scène la beauté de la Vie et que, dans l'« Abîme mystique » de l'orchestre, passent en frissonnant les leit motifs de la Détresse, de la Lutte, de la Forge, de l'Or, et du Feu, jusqu'à l'heure où éclate orgueilleuse et sacrée la phrase de l'Épée, peut encore nourrir des illusions sur un revirement possible du Racisme.

Mais qui a vu une fois ces adolescents suivre — « à pleine âme », si l'on peut dire — le drame wagnérien dont le symbole est devenu le leur, qui a regardé leurs yeux et vu leurs faces n'a plus la moindre illusion : le Juif n'a plus rien à faire en Allemagne.

Si d'autres Nations, une fois le Feu éteint et l'Épée forgée, désirent récupérer les scories et le mâchefer, l'Allemagne n'y voit pas le moindre inconvénient. Elle a épuré le métal de l'arme de ses Pères, et attend avec sérénité le jour prochain où, à son exemple, ceux des peuples de la Terre qui méconnaissent et critiquent à l'heure actuelle son œuvre de précurseur se verront contraints, inévitablement — et sans doute sous une forme plus brutale encore — de procéder à la même opération.

FIN

Contre la propagande

ÉDITION ORIGINALE

NON CENSURÉE

Alfred Rosenberg est né le 12 janvier 1893 à Reval ; ainsi, originaire des pays baltes, il a vécu toutes les épreuves des Allemands de l'étranger et ... la révolution russe. Pour aider à prévenir l'Allemagne du communisme, il s'y rend à la fin de 1918. À Munich, Dietrich Eckhart lui fait découvrir Adolf Hitler, qu'il rejoint en 1919. En 1921, il prend en main le *Völkischer Beobachter*. À Cobourg en 1922, à la Feldernhalle en 1923, il marche aux côtés du Führer. En 1930, le besoin d'un organe officiel du N.S.D.A.P. se fait de plus en plus pressant ; il édite alors le cahier mensuel du National- Socialisme.

Pénétrer au cœur d'un auteur est souvent faire preuve de témérité. C'est vouloir déflorer une part de mystère, tout en aspirant à rendre le plus fidèlement une pensée riche et fondamentale. Aborder un mythe est davantage qu'un voyage initiatique. Le mythe n'a pas de réalité, il n'existe que si on lui prête vie. Le poète n'a-t-il pas dit qu'un pays qui n'aurait pas de légendes serait condamné à mourir de froid, celui qui n'aurait plus de mythes serait déjà mort. Le mythe ne renaît pas. Il meurt avec son dernier représentant. L'ouvrage d'Alfred Rosenberg est un mythe à plus d'un titre : mythe de l'Europe de la volonté de puissance, mythe de la tradition aryenne, mythe du titre, mythe de la traduction. Si *Le Mythe du XXe siècle* est une somme, il devait incarner le principe fondamental de l'idée de peuple naissante, la rencontre de l'élite et des forces actives, réconciliation des trois fonctions dans une même vision du monde.

Publication 21 octobre 2018
Format 152 x 229 x 32mm, 564 pages, 816 g
ISBN-13 : 9781648580154

Lisez aussi

ÉDITION ORIGINALE
NON CENSURÉE

———◄○►———

— *LA FOUDRE ET LE SOLEIL* —
Nouvelle traduction

— Perfection intemporelle et évolution cyclique —
— La Foudre (Genghis Khan) —
— Le Soleil (Akhenaton) —
— À la fois Soleil et Foudre (Adolf Hitler) —
— Épilogue (Kalki, le Vengeur) —

LA FOUDRE ET LE SOLEIL
Savitri Devi

———◄○►———

Ce livre, — commencé en Écosse au printemps 1948 et écrit, de temps à autre, en Allemagne entre cette date et 1956, — est le résultat de méditations de toute une vie sur l'Histoire et les religions, ainsi que de l'expression d'aspirations et d'une échelle de valeurs morales qui était déjà la mienne avant la Première Guerre Mondiale. Il pourrait être décrit comme une réponse personnelle aux événements de 1945 et des années suivantes. Et je sais que beaucoup de gens ne l'aimeront pas. Mais je ne l'ai pas écrit dans un but autre que celui de présenter une conception de l'Histoire — ancienne et moderne — inattaquable du point de vue de la Vérité éternelle.

Je me suis donc efforcée d'étudier à la fois les hommes et les faits à la lumière de cette idée de la succession des Âges, de la Perfection intacte au chaos inévitable, qui ne se rapporte pas seulement à "l'Hindouisme", mais à toutes les formes de la Tradition Unique, universelle, — les Hindous étant (peut-être) cependant ceux qui ont conservé un peu plus de cette Tradition que les gens moins conservateurs.

Publication 19 septembre 2020
Format 152 x 229 x 24mm, 476 pages, 755 g

ISBN-13 : 9781648586682

Pour compléter ses connaissances

ÉDITION ORIGINALE
NON CENSURÉE

―◆―

Dr. Herman de Vries de Heekelingen un érudit et un auteur néerlandais qui a vécu la deuxième moitié de sa vie en Suisse. Il a été professeur de paléographie à l'université de Nimègue et a dirigé la bibliothèque de 1923-1927.

―◆―

Dès sa naissance, le christianisme a trouvé devant lui la force des ténèbres. Dans le cours des âges, on rencontre partout cette force organisée de l'Anti-Église. On la voit à l'œuvre lorsqu'elle pousse les païens de l'empire romain à tuer les chrétiens ; on la voit faire des efforts désespérée pour détruire le christianisme par lui-même en suscitant le gnosticisme, l'arianisme, le manichéisme et tant d'autres sectes. Même pendant le moyen âge, alors que la vie politique et sociale était profondément chrétienne, on la voit manœuvrer. Pour démontrer que les Protocoles sont l'œuvre d'un falsificateur, il cite entre autres le passage suivant : « *D'ici là des chemins de fer métropolitains et des passages souterrains seront construits dans toutes les villes. De ces lieux souterrains, nous ferons sauter toutes les cités du monde, avec leurs institutions et leurs documents* ». Croyez-vous sérieusement, je vous le demande, qu'un falsificateur cultivé, habitant Paris, aurait écrit une telle énormité ? Non. Cela sent le rabbin qui n'a jamais vu autre chose que son ghetto de Pologne, de Russie ou de Galicie. Il a entendu parler des trains fabuleux qui roulent sous terre, son imagination a travaillé là-dessus, et il s'est imaginé qu'on pourrait faire sauter les villes en se servant de ces boyaux souterrains.

Publication 28 février 2019
Format 5.5'' x 8.5'', 34 pages.

Approfondir

ÉDITION ORIGINALE
NON CENSURÉE

Hermann Wilhelm Göring
(12 janvier 1893 - 15 octobre 1946)

Était un as de l'aviation, pilote de chasse de la Première Guerre mondiale, un membre dirigeant du NSDAP et un commandant en chef de la Luftwaffe. En 1940, il fut au sommet de sa puissance et de son influence ; en tant que ministre chargé du «plan quadriennal», il était responsable d'une grande partie du fonctionnement de l'économie allemande pendant la période qui a précédé la Seconde Guerre mondiale.

Poursuivant la mission que nous nous sommes imposée de faire connaître à l'opinion française la pensée intégrale des maîtres de l'Allemagne Nouvelle, nous publions aujourd'hui *« L'Allemagne renaît. »* Dans ce livre — la première œuvre du Maréchal Göring traduite en Français — l'auteur a décrit l'effondrement de l'Allemagne, le chaos de la République de Weimar, et les efforts du Chancelier Hitler et des siens pour rétablir le Reich dans sa puissance.

La plupart des études parues en France sur le National Socialisme et le IIIe Reich sont entachées d'idées préconçues et de préjugés politiques, aussi nous a-t-il semblé qu'il était de toute nécessité de remonter aux sources racines. Pour juger — et même le cas échéant, pour condamner — n'est-il pas indispensable de connaître les documents de première main ? L'œuvre du Maréchal Göring, ainsi que celles que nous publierons par la suite des dirigeants de l'Allemagne moderne, est un exposé officiel du point de vue hitlérien.

Publication 23 octobre 2020
Format 152 x 229 x 24mm, 102 pages.
ISBN-13 : 9781648587818

Apprendre la vérité

ÉDITION ORIGINALE
NON CENSURÉE

À la Vieille Garde berlinoise du Parti.

Ouvrage destiné à expliquer l'histoire du N.S.D.A.P. berlinois entre le 9 novembre 1926, au moment où Goebbels, chef du parti dans la Ruhr, arrive à Berlin pour reprendre en main le parti, et le 29 octobre 1927, date qui marque la levée de l'interdiction du parti nazi prononcée plusieurs semaines auparavant.

Dans l'histoire des mouvements révolutionnaires, la lutte pour la capitale constitue toujours un chapitre particulier. La capitale est une valeur en soi. Elle représente le centre de toutes les forces politiques, économiques et culturelles du pays. À partir de ce centre, son rayonnement atteint la province, et pas une ville, pas un village n'y échappent. Berlin est quelque chose d'unique en Allemagne. Sa population ne se compose pas, comme celle d'une ville quelconque, d'une masse uniforme, repliée sur elle-même, et homogène. Le Berlinois : c'est le produit d'un substrat berlinois de toujours, complété par des apports de toutes les provinces, régions et groupes sociaux, professionnels et religieux.

Il est vrai que Berlin n'est pas, tel Paris pour la France, un facteur prépondérant et novateur en tout pour l'ensemble de l'Allemagne. Mais on ne peut concevoir ce pays sans Berlin.

Publication 2 décembre 2018
Format 152 x 229 x 24mm, 247 pages, 350 g
ISBN-13 : 9781648580277

Vaincre le mensonge

ÉDITION ORIGINALE
NON CENSURÉE

Le procès relatif à l'authenticité des Protocoles de Sion, ou des Sages de Sion, qui s'est déroulé à Berne de 1933 à 1935, a fourni aux écrivains juifs et amis des Juifs l'occasion tant désirée de pouvoir enfin claironner de par le monde qu'un magistrat de Berne a rendu en toute objectivité un jugement déclarant que les Protocoles sont un faux.

Tous ces écrivains gardent intentionnellement le silence sur le livre du Dr. Stephan Vász, – publié en 1935, peu de temps après le procès – intitulé *« Das Berner Fehlurteil über die Protokolle der Weisen von Zion. »* (« Le mauvais jugement sur les Protocoles des Sages de Sion ». – U. Bodung-Verlag, Erfurt), livre dans lequel l'auteur, s'inspirant des actes du dossier de l'affaire, apporte la preuve écrasante que le procès de Berne ne fut qu'une parodie de justice.

Lorsque, étourdiment, la juiverie machina ce procès, puis le fit tourner à son avantage, elle ne s'imaginait pas que les débats et les investigations entreprises à la suite de ce procès étaleraient au grand jour une documentation si probante qu'il n'est plus possible, aujourd'hui à un homme sensé de soutenir que les Protocoles sont un faux fabriqué par les antijuifs. Pour la clarté de l'exposé qui va suivre, je présume que le lecteur connaît déjà les *« Protocoles des Sages de Sion. »*

Publication 21 mars 2019
Format 5.5'' x 8.5'', 48 pages.

- THE-SAVOISIEN.COM
- PDFARCHIVE.INFO
- VIVAEUROPA.INFO
- FREEPDF.INFO
- ARYANALIBRIS.COM
- ALDEBARANVIDEO.TV
- HISTOIREEBOOK.COM
- BALDEREXLIBRIS.COM

Milton Keynes UK
Ingram Content Group UK Ltd.
UKHW010733241123
433194UK00001B/27